La destinée dans une tasse de thé

Découvrez l'art de la voyance par les feuilles de thé

ELSIE WILD

MARABOUT

Publié pour la première fois en 2021 sous le titre *Herbal Tea Magic for the Mordern Witch*, par Ulysses Press, PO Box 3440, Berkeley, CA 94703, États-Unis.

58 rue Jean Bleuzen - 92178 Vanves Cedex

Traduction : Anne-Claire Levaux
Édition et mise en page : Maogani

REMARQUE À L'ATTENTION DES LECTEURS

Ce livre a été écrit et publié dans le seul but d'informer et d'éduquer les lecteurs. Il n'a pas vocation à dispenser des conseils médicaux ni à être utilisé dans le cadre d'un traitement médical. Nous vous recommandons de toujours consulter un médecin avant de modifier votre traitement médical et/ou d'entreprendre un régime alimentaire, et de suivre les conseils prodigués dans ce livre. N'arrêtez et ne modifiez jamais vos traitements sans avoir demandé l'avis du médecin qui vous les a prescrits. Le lecteur doit décider par lui-même, après consultation de son médecin, de suivre les conseils prodigués dans ce livre. Toute utilisation qu'il fera de ces informations relève uniquement de la responsabilité du lecteur. Ce livre ne vise aucunement à diagnostiquer ou soigner une quelconque maladie et ne peut remplacer une consultation médicale. Cet ouvrage a été rédigé et publié de manière indépendante. Il n'a reçu le soutien d'aucun sponsor et ne fait l'objet d'aucune affiliation avec aucune marque déposée. Il n'est aucunement conseillé ou suggéré d'acheter aucun produit mentionné à l'intérieur. Tout nom de marque mentionné dans une liste d'ingrédients ou autre part dans ce livre n'appartient qu'à ses propriétaires respectifs et n'est mentionné qu'à titre informatif. L'autrice et l'éditeur invitent les lecteurs à devenir clients des marques, de qualité, mentionnées dans ce livre.

Sommaire

Les propriétés magiques des thés et des infusions 9
Votre boîte à outils de sorcière 13

Chapitre 1

Histoire de la phytothérapie et de la tasséomancie ... 17
Histoire de la phytothérapie 18
Précisions sur le thé 21
Tasséomancie 24

Chapitre 2

Introduction aux thés et aux herbes 26
Thés 27
Herbes et épices 31
Autres ingrédients à avoir sous la main 61
Où se procurer des herbes ? 62

Chapitre 3

Breuvages de sorcières :
thés et potions pour chaque occasion 64
L'eau : l'ingrédient secret dans le thé 65
Infuser de la magie dans votre eau 65
Mélanger le thé 67
Anti-anxié-thé 69

Thé pour un bon moment 71
Le mélange de Midas 72
Thé pour ouvrir le troisième œil 74
Philtre d'amour n° 9 76
Thé pour repousser les idées noires 79
Créativi-thé 80
LA boisson de sorcières par excellence 82
Elixir de charme 84
Une tasse de confiance 86
Tisane pour faire de beaux rêves 88
Sécuri-thé 89
Mélange pour la médi-thé-tion 92
Parlons argent 94
Booster d'immuni-thé 95

Chapitre 4

Lire votre avenir 98
Se familiariser avec sa tasse 98
Choisir son thé 100
Questions à se poser 101
Diviser la tasse 102
Les mots magiques 110

Chapitre 5

Rituels de divination autour du thé 112
Les prévisions quotidiennes 113
Ce n'est qu'une phase : lecture d'après le calendrier lunaire 116

L'année à venir 120
Les saisons changent et moi aussi :
rituel pour comprendre ce que
nous réserve chaque saison 123
Qui sera mon prochain amour ? 126
La distance entre nous 130
Ai-je besoin de m'inquiéter ?
Rituel pour savoir quand vous devez paniquer 134
Où vais-je ? Rituel pour trouver du sens 137
Révélez-vous ! Rituel pour connaître la vérité 143

Chapitre 6

Envoû-thé :
sortilèges pour préparer des boissons
enchan-thées 146
Jeter un sortilège grâce au thé 148
Les quatre composants d'un sortilège 150
Planifier vos sortilèges 153
Sortilèges et cycle lunaire 153
Sept jours de magie 154
La magie des sigils 155
Viens à moi : un sortilège simple
pour renforcer le pouvoir d'attraction 157
Tout va bien se passer :
un sortilège pour s'apaiser et se rassurer 157
Sortilège pour les bonnes ondes 162
Édulcorer ses paroles : sortilège pour
les conversations difficiles 165

Vous êtes plus puissante que vous le croyez : sortilège pour gagner en confiance et affronter le monde comme une sorcière qui déchire 168
Éviter les problèmes : sortilège pour se sortir des situations difficiles (ou les éviter quand c'est possible) 172
Je VEUX dormir : sortilège pour mettre le cerveau en veille et profiter d'un sommeil sans stress 174
Sorcières du karma : sortilège pour que les autres aient précisément ce qu'ils méritent 176
Lâcher prise et grandir : sortilège pour avancer 179
Aimez-moi, aimez-moi : sortilège pour faire entrer l'amour dans votre vie 182

Chapitre 7

C'est écrit dans les étoiles : tasséomancie et astrologie 184
Astrologie et tisanes 185
Lire et prévoir l'année à venir grâce à l'astrologie 195
Préparer un thème astral 197
Une dernière touche de magie 201
Dictionnaire des symboles 202
Ressources 224
À propos de l'autrice 224

Pour Trixie, Merci pour la magie

LES PROPRIÉTÉS MAGIQUES DES THÉS & INFUSIONS

Lorsque nous entendons le mot « sorcière », nous pensons immédiatement à celles de nos films et dessins animés préférés : des femmes méchantes aux pouvoirs fantastiques, qui font de la magie en un claquement de doigts ou en récitant une formule latine... chose qui n'existe pas au-delà des écrans.
Les termes « sorcellerie » et « phytothérapie » évoquent une image différente : celle d'une vieille mégère avec un chapeau pointu, en train de jeter toutes sortes d'ingrédients

étranges dans un grand chaudron noir fumant, à la lueur des bougies. Vue de l'extérieur, la sorcellerie semble inaccessible, inatteignable et désuète.

Mais tout cela, ce n'est que de la poudre aux yeux.

Les sorcières modernes mêlent le magique et l'ordinaire et remettent au goût du jour d'anciennes formes de sorcellerie et de divination. Elles dessinent des symboles magiques dans leurs tasses de latte au potiron et aux épices ou rédigent leurs grimoires sur l'application Notes de leur smartphone… La sorcellerie moderne permet aux sorcières de pratiquer leur magie en toute simplicité. C'est pour cela que la phytothérapie et la tasséomancie, la divination dans les feuilles de thé, sont des ressources si précieuses pour les sorcières d'aujourd'hui. Grâce à ces savoirs ancestraux, nous pouvons créer notre propre magie.

La tasséomancie est l'une des plus anciennes formes de voyance, qui nous permet de connaître ce que l'avenir nous réserve. Nos potions ne contiennent pas des yeux de tritons, mais des pétales de roses et des racines de pissenlit. Au lieu d'aller cueillir les herbes dans les bois, beaucoup les font pousser sur leur appui de fenêtre ou leur balcon. Nous nous servons toujours des connaissances en phytothérapie, mais nous y accédons différemment.

La destinée dans une tasse de thé est exactement ce que son titre indique : un guide de découverte du monde magique des sortilèges à base de plantes, pour apprendre quelles herbes ajouter à votre tasse de thé du matin, comment préparer des sortilèges et lire votre avenir dans le fond de votre tasse. Et tout cela en associant les savoirs ancestraux, transmis depuis des siècles par des herboristes et des sorcières, et les pratiques modernes. Avoir la main verte n'est pas obligatoire !

J'ai mis du temps à découvrir les vertus magiques des herbes. Je n'ai jamais été quelqu'un qui adore les activités de plein air. J'aimais la nature, c'est-à-dire que j'aimais sentir le soleil sur ma peau, marcher dans l'herbe à pieds nus, me baigner ou me promener au bord de l'eau. Mais être dans la nature, faire du camping, de la randonnée ou me retrouver les pieds dans des flaques de boue… Non merci. Bien que je sois d'un signe de terre (coucou à mes copines du signe de la Vierge) et que j'aie grandi à proximité des monts Adironracks, je n'ai jamais ressenti l'appel du grand air. Je n'ai toujours pas la main verte, preuve en sont les nombreuses succulentes que j'ai fait mourir récemment. La vie à la campagne me fait rêver, sur le papier, mais laissez-moi seule dans un bois en me disant de me débrouiller pour trouver de quoi manger et je serai morte avant que le soleil soit couché !
C'est pendant ma première année d'université que j'ai découvert toute la magie des herbes. Assise en tailleur dans le hall prétendument hanté du bâtiment des dortoirs, je participais à un rassemblement métaphysique (eh oui, c'était *ce* type d'université de lettres et sciences humaines).

Au cours d'une séance de lecture dans les feuilles de thé, après avoir terminé mon thé à la cannelle, j'ai été fascinée par ce que je voyais dans le fond de ma tasse et par l'idée qu'en le décodant, j'avais la liberté de suivre mon intuition plutôt que de respecter des règles précises comme dans d'autres pratiques divinatoires. Après la soirée, j'ai préparé du thé pour toutes les personnes de mon dortoir afin de lire dans les feuilles de leurs tasses. Beaucoup ont levé les yeux au ciel, mais mon cheminement vers la sorcellerie verte avait commencé.

Pendant les années qui ont suivi, j'ai étudié tout ce qui touchait à la divination dans les feuilles de thé ainsi que les différents rituels à suivre. J'ai rapidement intégré les sortilèges à ma pratique, puis j'ai commencé à étudier la phytothérapie afin de comprendre comment les herbes, les thés et les épices pourraient être utiles à ma magie, et dans ma vie. J'ai compris qu'il n'était pas nécessaire de ne faire « qu'un avec la nature » pour bénéficier des vertus de la phytothérapie. Tout était à portée de main, et au fond de ma tasse. Entre mes mains, un objet aussi banal qu'une tasse à thé pouvait devenir un outil puissant.

Ce livre est destiné aux sorcières modernes, qui font confiance à leur magie, à leurs propres règles et à la Terre mère. Aux sorcières qui ont envie de créer leurs propres potions, que ce soit pour se soigner, pour se porter chance ou pour savoir quel chemin emprunter. D'aimer la terre

comme elles l'entendent et de ressentir une connexion avec les royaumes physique et spirituel.
Ah oui, et aussi, de se sentir fortes avec leur tasse isotherme en main.

Dans ce livre, vous découvrirez les propriétés des herbes courantes et comment les utiliser, comment jeter des sortilèges, lire dans les feuilles de thé et intégrer d'autres éléments et boissons magiques à votre pratique. Mais avant tout, vous apprendrez à ajouter une touche de magie dans votre quotidien.

Vous êtes prêtes ? Alors, c'est parti !

VOTRE BOÎTE À OUTILS DE SORCIÈRE

Comme pour toute pratique artistique, vous aurez besoin d'instruments et de matériel adapté pour préparer vos potions, lire dans les feuilles de thé et jeter vos sortilèges. Inutile cependant de dépenser des sommes folles dans des outils « magiques » tels que des baguettes et des louches pour obtenir les meilleurs résultats. Vous possédez certainement déjà la plupart des éléments nécessaires, ou pouvez les acquérir à bas prix. Voici une liste du matériel de base dont vous aurez besoin pour entamer votre découverte de la magie des herbes.

Grimoire : vous allez beaucoup vous entraîner à lire dans les feuilles de thé. Je vous recommande donc de prévoir un carnet dans lequel noter vos interprétations, vos sortilèges et même vos propres recettes… une sorte de grimoire de phytothérapie. Vous conserverez ainsi toutes vos informations au même endroit et vous pourrez relire vos interprétations et sortilèges afin de voir s'ils étaient justes et ce qu'ils ont donné. Vos prédictions se sont-elles réalisées ? Quel a été le résultat de votre sortilège pour gagner de l'argent ? Vous êtes-vous réellement sentie plus confiante après avoir bu le thé « une tasse de confiance » ? Notez tout ce que vous faites, cela vous permettra de progresser. Si vous êtes une sorcière résolument moderne, vous pouvez tenir un grimoire numérique, en conservant toutes vos interprétations, photos et sortilèges dans votre smartphone, dans l'application Notes ou une autre application de type journal intime.

Infuseur à thé : comme vous vous en doutez, vous allez préparer beaucoup de thés et d'infusions. Vous aurez donc besoin d'un infuseur (sauf si vous appréciez de boire votre thé avec les feuilles). Il existe toutes sortes d'infuseurs : en inox, en tissu, en forme d'animaux… Vous pouvez également utiliser des sachets à thé réutilisables ou une théière à infuseur intégré.

Thé & herbes : bien évidemment, il vous faudra aussi des thés et des herbes pour préparer vos breuvages et faire vos interprétations. Vous trouverez dans le chapitre 2 une liste des herbes dont vous aurez besoin pour commencer (vous en avez certainement déjà quelques-unes dans vos placards).

Boîtes à thé : une fois que vous aurez réuni les différents thés et herbes nécessaires, vous devrez les ranger. Vous pouvez les conserver dans de jolies boîtes, flacons ou bocaux, ou dans des sachets refermables si vous trouvez cela plus pratique. Les récipients doivent être hermétiques afin que les herbes et épices ne s'éventent pas. Si les contenants sont transparents, conservez-les dans un endroit frais et sombre.

Tasse & sous-tasse : vous pouvez sans problème utiliser votre mug préféré pour préparer la plupart des boissons et sortilèges de ce livre. En revanche, pour lire dans les feuilles de thé, prenez une tasse dont l'intérieur est blanc ainsi qu'une sous-tasse (voir chapitre 4).

Cuillère : une cuillère à café toute simple vous servira de baguette magique pour préparer la plupart des boissons et sortilèges. Vous pouvez choisir une cuillère que vous possédez déjà ou décider d'en acheter une jolie, dont l'extrémité du manche est ornée d'une pierre. Vous en trouverez dans toutes les boutiques ésotériques.

Pilon & mortier : pour ajouter une touche un peu old-school à vos préparations, utilisez un pilon et un mortier pour concasser les herbes et les épices.

Accès Internet : la technologie est indispensable aux sorcières modernes. C'est en effet le moyen d'accéder à des informations précieuses pour vous aider à préparer vos sortilèges et breuvages. De plus, grâce aux applications de journaling, vous pourrez facilement conserver une trace de vos succès.

La magie qui est en vous : oui, je sais, plus facile à dire qu'à trouver !

Avertissement :

Ce livre propose de consommer différentes plantes. Si vous souffrez d'une quelconque maladie, notamment si vous présentez des troubles de la coagulation ou prenez un traitement médical, il est indispensable que vous consultiez votre médecin et un phytothérapeute diplômé avant d'essayer une recette ou d'inventer votre propre mélange. Si vous êtes enceinte ou si vous allaitez, attendez d'avoir accouché ou d'avoir sevré votre enfant avant de goûter les thés et infusions proposés dans ce livre. Et surtout, n'oubliez pas que Google est le meilleur ami des sorcières. Renseignez-vous sur les plantes que vous souhaitez consommer, surtout si vous les avez cueillies vous-même. C'est bucolique, dans les films, mais si vous mettez la main par erreur sur de la belladone et que vous mourez, cela n'aura plus rien de mignon...

1

HISTOIRE DE LA PHYTOTHÉRAPIE ET DE LA TASSÉOMANCIE

Avant de commencer, il est essentiel de comprendre en quoi le thé et les plantes peuvent être magiques : c'est ce qui nous permettra d'apprécier et d'expérimenter pleinement leurs propriétés. Alors, qu'est-ce qu'il y a de magique dans les herbes ? Comment savons-nous quelles sont les herbes qui soulagent un estomac douloureux et, à l'inverse, celles qui rendent malade ? Quelles sont celles qui favorisent la prospérité et celles qui attirent le danger ?

La phytothérapie développe ces connaissances depuis des milliers d'années.
C'est une pratique traditionnelle qui consiste à étudier et utiliser les plantes pour soigner. Les sorcières emploient également leurs connaissances en phytothérapie pour étudier, connaître et utiliser les plantes pour leurs propriétés magiques. En phytothérapie, toutes les parties des plantes peuvent être utilisées, des racines jusqu'aux pétales. Souvent, elles n'ont d'ailleurs pas les mêmes propriétés magiques.
Toutes les phytothérapeutes ne se considèrent pas comme des sorcières, et à l'inverse, toutes les sorcières n'emploient pas des plantes et des herbes dans leurs sortilèges. Cependant, les connaissances en phytothérapie leur sont généralement très utiles. Les premiers phytothérapeutes étaient issus de milieux divers. Certains avaient étudié la médecine, d'autres étaient des autodidactes vivant aux abords des villes. Tous proposaient de soigner ceux qui en avaient besoin.

HISTOIRE DE LA PHYTOTHÉRAPIE

La phytothérapie est pratiquée dans le monde entier depuis l'époque préhistorique. L'un des premiers écrits connus de phytothérapie est une liste de plantes médicinales établie par les Sumériens de Mésopotamie. Des écrits similaires originaires d'Égypte ancienne et de la Grèce antique ont été retrouvés. Toutes les régions du monde possèdent des herbes, remèdes et pratiques cultu-

relles qui leur sont propres. La médecine traditionnelle chinoise (MTC), toujours pratiquée à notre époque, est une forme de phytothérapie. Elle emploie différentes techniques, parmi lesquelles l'acupuncture et les remèdes à base de plantes, pour traiter et soigner les problèmes de santé. L'ayurvéda, médecine holistique originaire d'Inde, employée depuis 5000 ans, en est une autre. Tandis que la médecine traditionnelle chinoise et l'ayurvéda ont été préservés, car leur pratique faisait l'objet d'écrits, la plupart des connaissances phytothérapeutiques étaient transmises oralement par les praticiens à leurs élèves.
Pendant longtemps, cette transmission orale suffisait, car les gens vivaient dans de petits villages, où il n'y avait qu'une seule personne qui pratiquait la phytothérapie et la magie traditionnelle.
Cette personne était souvent (mais pas toujours) une femme, désignée par différents noms : guérisseuse, sage-femme, chamane, phytothérapeute, rebouteuse, sage du village. C'est elle qui faisait pousser les herbes nécessaires à la communauté, et vers qui ses membres se tournaient pour se soigner tant sur le plan physique (maux de tête, fièvre, maux de ventre, accouchement, maladie, etc.) qu'émotionnel et spirituel (chagrin d'amour, philtre d'amour, chance, prospérité, pour apaiser les chagrins, etc.). La guérisseuse, consciente que toutes les plantes sont sacrées et renferment des pouvoirs magiques, savait les utiliser pour aider les autres.
Cependant, malheureusement, tout a changé lors de l'arrivée du christianisme et du colonialisme, qui ont

réprimé et presque totalement éradiqué la phytothérapie. La médecine traditionnelle a commencé à être considérée comme de la « sorcellerie » ou « une force du mal ». Les sages-femmes, qui jouaient un rôle primordial dans les communautés, ont été condamnées au bûcher dans toute l'Europe. En Afrique, de nombreuses personnes ont été arrachées à leurs villages, privées de leurs remèdes et vendues pour être esclaves de l'autre côté de l'océan. En Inde, toutes ces pratiques ont failli être perdues à jamais après des siècles d'invasions par des colons désireux d'éradiquer toute trace de la culture. Tous les praticiens qui n'ont pas été tués étaient forcés d'exercer de manière clandestine et de cacher leurs connaissances.

Mais ils se sont battus. Les Irlandais ont lutté sans relâche pour protéger leurs herbes et leur végétation contre de multiples invasions. Les Africains emmenés de force sur des navires ont emporté en cachette les graines de leurs plantes les plus précieuses sur le plan médicinal et spirituel, au risque de leur vie, et les ont plantées dans le Nouveau Monde. Ils savaient qu'ils se battaient, et donnaient parfois leurs vies, pour une cause importante.

Et la magie a survécu.

Bien que la majorité des gens qualifient sans trop réfléchir la phytothérapie d'« idioties » ou de « charlatanisme », la magie perdure dans bien des petits détails que vous pourrez remarquer même si vous venez d'un milieu très éloigné de la magie et de la spiritualité. Quand vous avez mal à la gorge, votre grand-mère vous prépare un bouillon avec du curcuma. Vous envoyez un bouquet de roses jaunes à votre meilleure amie, car vous avez entendu dire qu'elles symbolisent l'amitié et l'attention à l'autre. Vous buvez une tisane de camomille avant d'aller vous coucher pour vous endormir rapidement. Vous plantez un pied de romarin devant chez vous, car votre tante un peu excentrique vous a dit que cela protégerait votre maison. Tous ces petits gestes font appel à la magie des herbes.

Aujourd'hui encore, même si la phytothérapie est redevenue à la mode, elle n'est toujours pas traitée avec le respect et l'attention qu'elle mérite. De nombreux professionnels de la santé continuent de lever les yeux au ciel quand on leur parle de baumes de soin et d'infusions fait-maison, et certaines marques « bien-être » font de l'appropriation culturelle en surexploitant des plantes sacrées telles que la sauge blanche et en exploitant les populations qui dépendent de ces plantes et les chérissent.

Il existe pourtant de nombreux moyens d'employer la magie des plantes de manière éthique, notamment à travers des baumes, des pommades, des poupées (parfois remplies d'herbes et de cristaux, utilisées pour jeter des sorts à une personne précise), des préparations pour le bain et des thés.

PRÉCISIONS SUR LE THÉ

De toute évidence, nous allons beaucoup parler de thé dans ce livre sur la magie des herbes et la tasséomancie. Mais que savez-vous vraiment de votre boisson favorite, vous qui en consommez souvent ou qui vous considérez comme une fine connaisseuse ?

Presque tous les thés que nous consommons et apprécions aujourd'hui (noir, vert, oolong et blanc) viennent d'une même espèce de plante, *Camellia sinensis*, parfois appelée théier. C'est un arbuste à feuillage persistant, aux feuilles vertes et brillantes. Elles ont la même forme et les mêmes bords dentelés que les feuilles de laurier. Cet arbuste serait originaire de la province du Yunnan, dans le sud-ouest de la Chine.

THÉ OU TISANE ? : thé et tisane sont deux choses différentes. Une infusion de feuilles de menthe poivrée n'est pas un thé la menthe. De même qu'une infusion de fleurs de lavande et de mélisse. En effet, pour préparer du thé, il faut utiliser des feuilles de l'arbuste *Camellia sinensis*, qu'il s'agisse de *camellia sinensis var. sinensis* (thé chinois) ou de *camellia sinensis var. assamica* (thé indien). Si les feuilles ne proviennent pas de cet arbuste, la boisson préparée n'est pas du thé, mais de la tisane.

L'origine de la consommation de thé est difficile à dater précisément. Une légende raconte qu'en 2737 av. J.-C., l'empereur Shennong était assis sous un théier, une casserole d'eau bouillante posée près de lui. Des feuilles de thé tombèrent alors dans la casserole et l'eau prit une couleur dorée. Cela attisa la curiosité de l'empereur, amateur de sciences, qui en but une gorgée. Étonné par son goût, il fit des recherches sur cette plante et découvrit les propriétés médicinales de ces feuilles ainsi que leur goût délicieux. C'est une histoire plaisante, mais rien n'atteste qu'elle soit vraie. L'un des premiers écrits mentionnant la consommation de thé est un texte médical rédigé par un médecin chinois, Hua Tao, aux environs du IIIe siècle apr. J.-C., mais le thé était probablement déjà utilisé pour soigner depuis plus longtemps. À l'origine, il était souvent employé pour soigner les troubles digestifs. Aujourd'hui encore, les Chinois apprécient de le boire à la fin d'un repas pour faciliter la digestion.

Il était donc consommé par les membres de la royauté chinoise ou utilisé à des fins médicales, mais c'est au cours de la dynastie Tang (618-906 apr. J.-C.) qu'il devint une boisson populaire. Il faisait l'objet de rituels de préparation très élaborés. Les moines bouddhistes l'appréciaient beaucoup, car il les aidait à rester éveillés pendant de longues séances de méditation.

Les pouvoirs magiques du thé n'étaient pas connus en dehors de la Chine jusqu'à la fin du VIIIe siècle, lorsque deux événements importants se produisirent. Lu Yu, maître du thé, rédige le premier livre au monde sur le thé : *Cha Jing* ou *Le classique du thé*, qui a grandement contribué à façonner la culture chinoise du thé. À cette époque, des moines japonais visitèrent la Chine et étudièrent l'arbuste *Camellia sinensis*. Ils en remportèrent quelques pieds au Japon. Cela marqua le début de la culture du thé japonaise.

Si la Chine vendait du thé au Tibet, en Turquie, aux pays arabes et en Inde, ce dernier n'arriva en Europe qu'à la fin du XVIIe siècle, quand les marchands néerlandais commencèrent à en importer en Hollande. Le thé s'y popularisa très vite avant de se rependre en Europe occidentale. Il n'était alors consommé que par les plus riches, jusqu'à ce que le développement de son commerce en fasse une boisson accessible à tous ceux qui le souhaitaient. Le coût moral de ce commerce fut toutefois très élevé, empreint de colonialisme, de violence, d'esclavage et de révolution. Aujourd'hui, le thé reste l'une des boissons les plus consommées au monde. Et si beaucoup le boivent par plaisir, d'autres l'apprécient pour ses vertus curatives et ses bienfaits magiques.

TASSÉOMANCIE

La tasséomancie, ou tasséographie, est l'une des formes de divination les plus anciennes. Bien que le thé vienne de Chine, les historiens ne sont pas certains des origines de cette pratique. Le mot tasse est un emprunt de l'arabe, et le suffixe -mancie vient du grec et signifie divination. Littéralement, tasséomancie signifie donc « lire l'avenir dans une tasse ». Cependant, la plupart des devins grecs et du Moyen-Orient n'utilisaient pas le thé pour lire l'avenir, mais plutôt du café épais, dont le marc lourd se déposait au fond des tasses.

La tasséomancie telle que nous la connaissons aujourd'hui est apparue au Royaume-Uni à l'époque victorienne, quand les membres de la classe supérieure ont ressenti une fascination pour les sciences occultes, et notamment la divination. Les femmes riches engageaient des voyantes roumaines pour lire dans leur tasse et leur révéler leur destin. Il était alors logique d'utiliser le thé pour ces lectures, car il était très populaire et, à l'époque, était bu sans être filtré, les sachets de thé n'ayant été inventés qu'en 1903.

Les feuilles tombaient donc au fond des tasses, et il était facile d'y voir les symboles. Si la plupart des personnes qui pratiquaient la tasséomancie étaient roumaines, le premier livre publié en anglais sur la divination dans les feuilles de thé fut rédigé au XVIIIe siècle par un devin des Highlands.

Aujourd'hui, cette pratique se poursuit dans le monde entier, et surtout en Angleterre, en Irlande et en Écosse. La sorcellerie moderne, la sorcellerie verte et la magie des plantes permettent aux sorcières d'ajouter une touche personnelle à leur pratique. Elles parfont leurs connaissances des herbes et se réapproprient la divination.

Mais quelles sont les propriétés de ces herbes ? Qu'est-ce que les feuilles de thé et le marc de café ont de magique ? Où trouver ces propriétés magiques ?

Vous le découvrirez très vite...

2

INTRODUCTION AUX THÉS ET AUX HERBES

Avant de parler potions, sortilèges et autres charmes, il est essentiel de mieux connaître les herbes et les thés que nous utiliserons dans ce livre. Ce sont nos outils. Il faut les employer avec soin, notamment les herbes qui peuvent affecter nos corps de manière dangereuse. Lisez avec attention les avertissements médicaux. Cette liste présente les thés et les herbes les plus courants et les plus fréquemment utilisés à travers le monde. Vous pourrez vous les procurer au supermarché, au marché ou dans des boutiques ésotériques si vous avez la chance d'en avoir une à proximité de votre domicile. Vous pouvez faire pousser certaines plantes telles que la menthe poivrée, la lavande et la rose chez vous. D'autres, telles que le rooibos, sont plus difficiles à trouver (et plus chères), même si elles sont très appréciées. Cette liste vous permettra certainement d'élargir vos connaissances en botanique et vous donnera envie d'inventer vos propres potions et boissons.

THÉS

Il existe des centaines de thés différents dans le monde, répartis en quatre catégories principales : thé noir, vert, oolong et blanc.

THÉ BLANC

Thé très délicat composé des boutons non ouverts de l'arbuste *Camellia sinensis*, récoltés pendant une période très courte. Il est très peu transformé, ce qui lui donne une saveur florale unique et explique son prix élevé. Originaire de la province du Fujian, découvert au XVIe siècle, il est devenu très populaire pour son goût, ses bienfaits pour la santé et ses pouvoirs magiques.

Propriétés magiques : purification, protection, clarté d'esprit, réalisation, méditation, nettoyage, capacités psychiques, jeunesse, bénédiction, nouveaux départs, bonheur, sagesse. Associé à l'élément air, à l'été, à la magie de la lune.

Propriétés médicinales : diminue le risque de maladie cardiaque, la résistance à l'insuline, protège contre l'ostéoporose et les problèmes cutanés, réduit le risque de cancer, riche en antioxydants.

Avertissement médical : aucun.

Types : BaiHao YinZhen (Aiguilles d'argent), Bai Mu Dan (Pivoine blanche), Gong Mei (Sourcil sacré), Shou Meil (Sourcil de longévité).

Conseil de préparation : très délicat, le thé blanc doit être infusé dans une eau à 80-85 °C pendant une à 3 minutes, sous peine de devenir amer.

THÉ NOIR

Le thé noir est l'un des plus polyvalents. Plus oxydé que le thé vert, il a également un goût plus prononcé et contient davantage de caféine (mais bien moins qu'une tasse de café). Riche en saveurs, le thé noir est une base idéale pour de nombreux mélanges et potions. Il est apparu en Chine au XVIIe siècle, quand les Chinois ont commencé à faire fermenter les feuilles de thé afin de prolonger leur durée de conservation. Arrivé en Europe au XVIIIe siècle il fut tout de suite adopté par l'aristocratie britannique, puis par tous les Anglais. C'est l'ingrédient principal de mélanges classiques de thé tels que l'English breakfast ou l'Earl Grey.

Propriétés magiques : force, stabilité, achèvement, résolution de problèmes, bannissement, rejet de la négativité, regain d'énergie, courage, clarté d'esprit, ancrage, purification. Associé à la terre et à l'hiver.

Propriétés médicinales : stimule le métabolisme et l'immunité, soulage le stress, renforce les os, atténue l'asthme, tue les bactéries, abaisse le cholestérol, diminue le risque de diabète, accroît l'énergie et diminue l'activité digestive.

Avertissement médical : les femmes enceintes ne doivent pas boire plus de deux tasses de thé noir par jour.

Types : English breakfast, Earl Grey, chaï, d'Assam, Darjeeling.

Conseil de préparation : pour une saveur optimale, faites infuser le thé noir dans de l'eau chauffée à 85-95 °C pendant 4 à 8 minutes en fonction du mélange.

THÉ OOLONG

Bien moins connu que les thés blanc, vert et noir, le thé oolong est un thé semi-oxydé préparé à partir des feuilles de *Camellia sinensis*. Toutes les variétés ne sont pas oxydées pendant la même durée, donc le goût du oolong peut varier. Son nom vient du chinois et signifie « dragon noir », en référence à la forme de ses feuilles qui sont roulées sur elles-mêmes et ressemblent à des dragons.

Propriétés magiques : sagesse, beauté, équilibre et connexion émotionnels, romantisme, amitié, sérénité, divination, réflexion. Associé à l'élément eau et à l'automne.

Propriétés médicinales : diminue la tension artérielle, facilite le sommeil et la digestion, renforce le cœur, stimule le métabolisme, améliore les fonctions cérébrales et la densité osseuse, réduit l'apparition de caries. Accroît la vigilance et améliore l'humeur.

Avertissement médical : aucun.

Conseil de préparation : pour une saveur optimale, faites infuser le thé oolong à 80-90 °C pendant 4 minutes. Il est d'ailleurs encore meilleur quand on le fait infuser plusieurs fois.

THÉ VERT

Très apprécié de tous les amateurs de thé, le thé vert est préparé avec les feuilles non oxydées de l'arbuste *Camellia sinensis*. On l'appelle thé vert, car les feuilles sont récoltées alors qu'elles commencent juste à se flétrir et sont chauffées immédiatement, avant de s'oxyder, ce qui explique qu'elles conservent leur couleur verte. Les feuilles destinées à la préparation du thé vert sont récoltées trois fois par an afin de garantir la meilleure qualité. Le thé vert était initialement utilisé à des fins médicales, pour traiter différentes maladies. Il a longtemps été un symbole de richesse et de position sociale élevée en raison de son prix et de sa préparation qui demande du temps. Aujourd'hui cependant, tout le monde peut l'apprécier. Le matcha, cousin très populaire du thé vert, est préparé à partir d'une poudre très fine de feuilles de thé cultivées à l'ombre, fouettée avec de l'eau chaude dans un bol en céramique. À l'origine utilisé dans les cérémonies du thé japonaises traditionnelles, il est désormais consommé dans le monde entier.

Propriétés magiques : guérison, amour, pleine conscience, passion, purification, régulation énergétique, richesse. Associé à l'élément feu et au printemps.

Propriétés médicinales : stimule le métabolisme, améliore les capacités cérébrales, favorable à la santé sexuelle et cardiaque, riche en antioxydants. Il pourrait également accroître la longévité.

Avertissement médical : aucun.

Types : Chun mee, gunpowder, au jasmin, matcha.

Conseil de préparation : le thé vert a meilleur goût lorsqu'il infuse dans de l'eau chauffée à 80 °C pendant 3 minutes. Si l'eau est trop chaude, il devient amer.

HERBES ET ÉPICES

Voici une présentation des herbes et des épices que toute sorcière devrait connaître ou, mieux, avoir dans ses placards. Cette liste non exhaustive vous accompagnera dans votre découverte des herbes et des épices et des manières de les utiliser au mieux. N'oubliez pas que ce sont vos outils et qu'il faut en prendre soin.

ANIS ÉTOILÉ

Cette épice facilement reconnaissable est un ingrédient essentiel du cinq-épices chinois et du garam masala indien (mélange d'épices), ainsi que de nombreuses soupes, desserts et thés. Avant d'être utilisé en cuisine, l'anis étoilé (ou étoile de badiane) était déjà employé en médecine pour soigner des maladies, et notamment les troubles digestifs et respiratoires. Il possède d'importantes propriétés magiques. Beaucoup utilisent aussi son étoile comme un pendule afin de stimuler l'activité psychique.

Aspect : l'anis étoilé tire son nom de sa forme en étoile. C'est le fruit d'un arbuste, qui est récolté juste avant d'être mûr puis séché au soleil, ce qui lui donne sa couleur marron-rouge foncé. Il peut être utilisé entier ou en poudre.

Profil gustatif : sucré, qui rappelle la réglisse.

Propriétés magiques : pouvoirs psychiques, chance, bonheur, protection, rêves.

Propriétés médicinales : apaise les troubles digestifs tels que les gaz, ballonnements et crampes d'estomac ; calme les nerfs ; facilite le sommeil ; peut soulager la toux, la bronchite et l'asthme.

Avertissement médical : ne pas donner aux nourrissons et aux jeunes enfants. L'anis étoilé ressemble beaucoup à la badiane japonaise, qui est toxique. Assurez-vous de l'acheter dans un magasin sérieux pour éviter toute confusion.

ARMOISE

Indispensable du placard de toute bonne sorcière, l'armoise est entourée d'une histoire mystique. Son nom botanique, *Artemisia vulgaris*, lui a été donné en l'honneur de la déesse grecque Artémis, associée au cycle de la Lune et à la santé des femmes. Elle est employée en médecine depuis des siècles, notamment pour réguler le cycle menstruel ou soulager pendant la ménopause. Anecdote amusante : avant que le houblon devienne populaire, la bière était préparée avec de l'armoise.

Aspect : l'armoise ressemble à l'ambroisie… attention à ne pas vous tromper ! Ses feuilles sont vert foncé sur la face externe et argentées en dessous, recouvertes d'un duvet. Séchées, elles ont tendance à brunir légèrement.

Profil gustatif : amer.

Propriétés magiques : divination, rêves psychiques, protection, purification spirituelle, associée à la Lune.

Propriétés médicinales : régulation du cycle menstruel, apaisante, diurétique, énergisante, facilite la digestion, améliore la circulation, renforce le foie, soulage les courbatures musculaires.

Avertissement médical : ne pas consommer si vous êtes enceinte ou si vous êtes allergique à l'ambroisie, la carotte ou le céleri.

BLEUET

Herbe emblématique des herboristes, le bleuet est une très jolie fleur à ajouter à vos tisanes, tant pour ses vertus magiques que pour la beauté de ses pétales bleu vif, dignes de figurer sur des photos Instagram. En Angleterre, elle est surnommée « fleur du célibataire », car les jeunes hommes célibataires avaient l'habitude d'en accrocher une au revers de leur veste pour indiquer qu'ils étaient prêts à courtiser.

Aspect : le bleuet se reconnaît facilement à la couleur bleu vif de ses pétales, fins comme du papier. Ses capitules sont entourés de bractées et leur confèrent leur forme pleine. Ils attirent les papillons.

Profil gustatif : légèrement épicé, avec une note sucrée.

Propriétés magiques : protection, amour, fertilité, sexe, capacités psychiques, abondance, connaissance de soi, spiritualité, croissance, créativité.

Propriétés médicinales : fait baisser la fièvre ; réduit les ballonnements ; soulage les congestions bronchiques ; protège la vue.

Avertissement médical : ne pas consommer si vous êtes enceinte, si vous allaitez ou si vous êtes allergique à l'ambroisie ou aux marguerites.

CALENDULA

Le calendula, également appelé souci, est une petite fleur gaie de couleur vive, au goût discret, qui renferme une magie puissante. C'est l'une des premières herbes connues et employées en phytothérapie. Elle est parfois appelée « herbe du soleil ». Le calendula était utilisé dans la Grèce antique, en Égypte, en Inde et en Arabie à divers effets, notamment pour donner une impression de peau rajeunie ou pour servir d'antidote en cas d'empoisonnement. Pendant la guerre de Sécession aux États-Unis, les docteurs avaient toujours sur eux des pétales de calendula séchés pour interrompre les saignements des blessures de guerre. En magie, le calendula était employé dans des philtres d'amour. On éparpillait ses pétales sous son lit pour se protéger et les amoureux contrariés portaient une guirlande de fleurs de calendula autour du cou pour montrer qu'ils étaient jaloux.

Aspect : le calendula est une fleur haute ornée de pétales orange vif, droits et allongés, semblables à ceux des marguerites. Sa fleur peut être préparée en infusion, souvent après avoir été séchée.

Profil gustatif : légèrement amer, avec des notes de terre et de fleurs.

Propriétés magiques : protection (en particulier sur le plan juridique), pouvoirs spirituels, richesse, guérison, stabilité, interprétation des rêves, amour, mariage.

Propriétés médicinales : nourrit la peau, les cheveux et les ongles ; riche en antioxydants ; soulage les maux de gorge ; régule le cycle menstruel ; soulage les douleurs musculaires ; anti-inflammatoire.

Avertissement médical : ne pas utiliser si vous êtes allergique à d'autres plantes de la famille des *Asteraceae* (par ex. la camomille), si vous êtes enceinte ou si vous prenez un traitement contre l'hypertension.

CAMOMILLE

Ingrédient très fréquent dans les tisanes, la camomille est utilisée dans les tisanes du soir depuis des siècles pour ses propriétés apaisantes. La tisane de camomille, préparée avec les fleurs séchées de la plante, est employée en médecine depuis des siècles.

Aspect : avec ses pétales blancs et son cœur jaune en forme de cône, la camomille ressemble à une petite marguerite.

Profil gustatif : sucré, floral.

Propriétés magiques : amour, bannissement, purification, apaisement, prospérité, guérison, paix.

Propriétés médicinales : apaise l'anxiété ; réduit les douleurs menstruelles ; diminue la glycémie ; réduit l'inflammation ; évite l'ostéoporose ; soigne les symptômes du rhume.

Avertissement médical : n'utilisez pas la camomille si vous êtes très allergique à l'ambroisie ou à la camomille ou aux produits à base de camomille. À conserver hors de portée des enfants.

CANNELLE

Toujours très appréciée, la cannelle est un indispensable du placard. Elle entre dans la composition de nombreux desserts. Les sorcières l'apprécient pour ses propriétés magiques et sa polyvalence. Vous pouvez en mettre dans presque toutes les boissons (thé, café, chocolat chaud, jus de pomme), le résultat sera toujours délicieux… et magique. Vous pouvez même l'utiliser pour parfumer des bougies, si vous en fabriquez. Les sorcières cuisinières en incorporent souvent dans leurs pâtisseries ensorcelées. La cannelle est également l'un des ingrédients phares du chaï.

Aspect : la cannelle est très souvent vendue en poudre (une fine poudre marron), mais on peut aussi l'acheter en bâtons, qui ressemblent à de longs morceaux d'écorce marron.

Profil gustatif : sucré, boisé avec une touche épicée.

Propriétés magiques : chance, réussite, énergie, bonheur, créativité, argent, stimulation mentale, guérison, protection, magie de l'amour, communication avec les esprits. Elle est associée au soleil et au feu.

Propriétés médicinales : diminue la glycémie ; soigne les blessures chroniques ; santé du cœur ; apaise les troubles digestifs ; améliore la mémoire ; diminue la tension artérielle.

Avertissement médical : ne pas consommer plus d'une cuillerée à café de cannelle par jour, car un excès peut avoir des effets indésirables. Si vous prenez un traitement médical pour le diabète, demandez à votre médecin quelle quantité de cannelle vous pouvez consommer sans danger.

CARDAMOME

Si vous souhaitez pimenter un peu votre thé, ne cherchez pas plus loin ! La cardamome est une épice magique, au goût à la fois sucré et salé. Très courante dans la cuisine indienne, moyen-orientale et suédoise, elle est également utilisée dans certaines boissons, par exemple le café turc ou le chaï masala, une boisson à base de thé noir, de lait, de sucre, de cardamome, de poivre noir, de gingembre et d'autres épices. Originaire d'Inde, elle fut importée en

Occident par Alexandre le Grand, roi de Macédoine, au IVe siècle av. J.-C.

Aspect : la cardamome est une plante à fleurs de la même famille que le gingembre. L'épice provient de la capsule de la plante, en forme de fuseau. Les capsules sont vertes (cardamome verte ou cardamome véritable) ou noire (cardamome noire) et les graines sont toujours petites et noires. Les graines s'utilisent entières ou moulues.

Profil gustatif : goût prononcé, sucré, avec une note de citron et de menthe. La cardamome noire possède également une note fumée.

Propriétés magiques : clarté d'esprit, courage, détermination, sagesse, amour, désir sexuel.

Propriétés médicinales : abaisse la tension artérielle ; riche en antioxydants ; soulage les nausées et autres troubles digestifs ; protège des caries ; guérit les infections ; soigne la mauvaise haleine ; améliore la respiration ; abaisse le taux de glycémie ; réduit l'anxiété ; protège le foie.

Avertissement médical : aucun.

CITRONNELLE

Fréquemment utilisée en beauté, notamment dans les spas, la citronnelle est appréciée pour son odeur citronnée, apaisante sans être entêtante. C'est un excellent choix quand on souhaite profiter des propriétés magiques du citron, avec un goût moins prononcé.

Aspect : la citronnelle est une plante herbacée. Dans la nature, elle ressemble à de l'herbe, mais lorsqu'on la coupe elle évoque davantage la ciboule avec ses tiges vert-jaune pâle, qui dégagent donc un parfum citronné.

Profil gustatif : goût citronné plus doux que celui de la mélisse.

Propriétés magiques : protection, amélioration des capacités psychiques,

purification, guérison, croissance, désir sexuel.

Propriétés médicinales : identiques à celles de la mélisse, en particulier pour soulager l'anxiété, les indigestions et les ballonnements. Riche en antioxydants.

Avertissement médical : ne pas consommer si vous êtes enceinte ou présentez une carence en potassium.

CLOUS DE GIROFLE

Ingrédient incontournable du pain d'épices, de la tarte à la citrouille et de la cuisine indienne en général, le clou de girofle est une épice polyvalente qui apporte une saveur chaude. Originaire d'Indonésie, il est utilisé depuis des siècles dans la médecine chinoise et ayurvédique. Les sorcières l'adorent, notamment au moment d'Halloween, car c'est un ingrédient phare de la tarte à la citrouille.

Aspect : les clous de girofle sont petits, de couleur marron-rouge, en forme de petits clous. Ils peuvent être utilisés entiers ou moulus.

Profil gustatif : arôme sucré subtil, qui peut donner une légère sensation de brûlure.

Propriétés magiques : protection, rejet de la négativité, amour, argent.

Propriétés médicinales : riche en antioxydants ; favorise le bon fonctionnement du foie ; soulage les maux de dents ; guérit les infections des sinus ; facilite la digestion ; fait baisser la fièvre.

Avertissement médical : si vous souffrez de trouble hémorragique ou de la coagulation, ou avant de subir une intervention chirurgicale, demandez conseil à votre médecin avant de consommer des clous de girofle.

CURCUMA

L'une des principales épices composant le curry, le curcuma est devenu très populaire dernièrement. On le trouve aussi bien dans le thé que dans de nombreuses autres préparations. Cette popularité est due aux nombreux bienfaits qu'il apporte : sa racine contient de la curcumine, une substance chimique jaune capable de soigner différents maux (voir ci-dessous). Épice courante dans la cuisine en Inde, dans le sud-est de l'Asie et au Moyen-Orient, elle est également employée en Inde depuis des siècles pour ses propriétés médicinales.

Aspect : le curcuma frais ressemble à du gingembre, mais sa chair est plus orangée. Une fois moulu, il conserve sa couleur orange.

Profil gustatif : goût amer et chaud.

Propriétés magiques : protection, santé, fertilité, bannissement.

Propriétés médicinales : stimule le développement cérébral ; améliore la mémoire ; soulage les aigreurs d'estomac ; diminue le risque de maladie cardiaque ; soulage les douleurs arthritiques ; diminue les symptômes de la dépression ; favorise la longévité ; réduit les symptômes du rhume des foins.

Avertissement médical : ne pas consommer si vous présentez des troubles de la vésicule biliaire, des troubles hémorragiques, de l'endométriose, des fibromes utérins, une carence en fer ou un cancer du sein, de l'utérus ou des ovaires. Ne pas consommer deux semaines avant une intervention chirurgicale.

FEUILLES DE FRAISIER

Si vous avez l'habitude de retirer les feuilles de fraises avant de les manger, ne les jetez pas, elles possèdent de nombreuses vertus magiques ! Les phytothérapeutes les utilisent pour renforcer le cœur et favoriser l'amour et la fertilité.

Aspect : les feuilles de fraisiers sont vertes, avec des bords dentelés, et poussent par groupe de trois.

Profil gustatif : goût fruité léger, avec des notes herbeuses.

Propriétés magiques : amour, chance, amitié, bonheur.

Propriétés médicinales : riche en antioxydants ; renforce le système immunitaire ; régule la glycémie ; améliore la santé cardiaque.

Avertissement médical : peut provoquer douleurs, crampes d'estomac et constipation. Ne pas consommer si vous prenez un traitement anticoagulant.

FEUILLES DE FRAMBOISIER

Quand vous allez cueillir des framboises, ne boudez pas les feuilles du framboisier : elles renferment des propriétés magiques, en plus de leurs vertus curatives. Séchées, elles peuvent être préparées en tisane pour un petit coup de pouce magique (surtout pour les histoires d'amour). Vous pouvez aussi ajouter des framboises fraîches ou séchées à votre thé, ou les préparer en sirop.

Aspect : les feuilles de framboisier sont vert clair, composées de sept folioles et attachées à l'arbuste près des framboises.

Profil gustatif : fruité, floral, qui fait penser à un dessert.

Propriétés magiques : confiance, attirance, joie, protection, guérison. Associée aux fées.

FEUILLES DE FRUITS ROUGES

Les feuilles de framboisier, de mûrier ou de fraisier possèdent toutes des vertus magiques et curatives, qui émanent de celles des baies qu'elles côtoient. Dans la magie traditionnelle, les déchets sont réduits au minimum et toutes les parties d'un fruit ou d'une herbe ont des propriétés magiques dont il faut tirer profit. Mâchonner des feuilles d'arbuste n'est pas très tentant, mais elles peuvent parfumer délicatement une tisane ou être employées dans des sortilèges, pour bénéficier des bienfaits magiques d'un fruit sans le gâcher.

Propriétés médicinales : soulage les crampes ; diminue les douleurs liées à l'accouchement et accélère le travail ; augmente la production de lait ; stimule le métabolisme.

Avertissement médical : si vous êtes enceinte, attendez le troisième trimestre pour les consommer. Si vous êtes sensible aux effets des œstrogènes, demandez conseil à votre médecin, car la feuille de framboisier a les mêmes effets.

FEUILLE DE MÛRIER

Employées en sorcellerie depuis la nuit des temps, les mûres sont principalement associées au paganisme européen. Pour les Celtes, elles étaient le fruit des *fae* (fées). Il portait malchance d'en manger, mais elles étaient tout de même souvent employées pour soigner des maladies et dans certains rituels. Comme les fruits, les feuilles de mûrier renferment des propriétés magiques et curatives.

Aspect : ses feuilles vert clair se trouvent au-dessus des mûres et sont composées de trois à cinq folioles de forme ovale.

Profil gustatif : fruité.

Propriétés magiques : guérison, argent, protection.

Propriétés médicinales : apaise les maux de gorge, soigne les lésions et ulcères buccaux, riche en antioxydants.

Avertissement médical : ne pas consommer si vous souffrez d'une maladie du foie.

FLEUR DE SUREAU

Ingrédient magique fréquemment utilisé dans des tisanes, potions et boissons, cette fleur enchanteresse pousse sur le sureau, un arbre sacré. Elle est souvent associée au solstice d'hiver, période de transition de l'obscurité vers la lumière et de renaissance. Le sureau est d'ailleurs capable de pousser dans le bois mort. Dans de nombreuses traditions du nord de l'Europe, il est même considéré comme provenant du pays des fées. La fleur de sureau possède elle aussi des propriétés magiques et des bienfaits thérapeutiques.

Aspect : les fleurs de sureau sont de petites fleurs blanches qui poussent en grappe sur le sureau. Séchées, elles peuvent être préparées en tisane.

Profil gustatif : goût floral et sucré.

Propriétés magiques : protection, renaissance, prospérité, achèvement, prise de conscience psychique, ancrage, joie, guérison émotionnelle et apaisement, repos, connexion avec les fées.

Propriétés médicinales : guérit les infections des sinus ; renforce le système immunitaire ; combat les rhumes et grippes ; riche en vitamine C ; diurétique léger.

Avertissement médical : les fleurs de sureau crues et non séchées peuvent provoquer des nausées, des vomissements et des diarrhées. Ne pas consommer en grande quantité. Si les pétales séchés sont propres à la consommation, ce n'est pas le cas des racines et des feuilles. Ne pas consommer si vous êtes enceinte.

GINGEMBRE

Le gingembre, originaire d'Asie du Sud-est, est l'une des plus anciennes plantes médicinales connues. Il est mentionné par écrit pour la première fois en 400 av. J.-C. L'Inde est actuellement le plus gros producteur de gingembre. La partie de la plante que l'on utilise est souvent appelée « racine », bien qu'il s'agisse en réalité d'un rhizome, une tige souterraine. Frais ou en poudre, il est très utilisé en cuisine.

Aspect : le rhizome de gingembre est de couleur beige à l'extérieur et jaune clair à l'intérieur. Avec ses branches noueuses, il est facile à reconnaître.

Profil gustatif : sucré mais aussi légèrement poivré, il est un peu piquant.

Propriétés magiques : confiance, clarté d'esprit, sensualité, manifestation rapide, énergie et puissance personnelle accrues, guérison, châtiment, argent, passion, équilibre, réussite.

Propriétés médicinales : soulage les nausées, apaise les douleurs arthritiques, abaisse le cholestérol, anti-inflammatoire, antiviral.

Avertissement médical : si vous souffrez d'une maladie cardiaque, de diabète et/ou de calculs biliaires, demandez conseil à votre médecin avant de consommer du gingembre.

GINSENG

Face à la déferlante de produits « bien-être », difficile de trouver aujourd'hui un smoothie ou une tisane qui ne contienne pas de ginseng... Bien avant de devenir aussi populaire, le ginseng était déjà, depuis des siècles, un ingrédient fétiche de la médecine traditionnelle chinoise, source d'énergie et de guérison. Il est employé en sorcellerie pour ces mêmes raisons. Il existe onze types de ginseng, notamment le ginseng asiatique, le ginseng américain, le ginseng blanc et le ginseng rouge coréen. Regardez bien les étiquettes au moment de faire votre choix.

Aspect : le ginseng est une racine fourchue de couleur beige, qui pousse sous terre. Au-dessus du sol, la plante possède de longues tiges garnies de feuilles vertes ovales. Elle pousse très lentement, ce qui en fait une épice rare. Par exemple, le ginseng frais en racine est récolté avant que la plante n'ait quatre ans. Le ginseng blanc est généralement récolté après quatre à six ans de croissance, et le ginseng rouge a plus de six ans. La racine de ginseng peut être utilisée fraîche, séchée ou moulue.

Profil gustatif : goût terreux et amer, très légèrement sucré.

Propriétés magiques : amour, désir sexuel, beauté, richesse, vitalité, protection, souhaits, spiritualité.

Propriétés médicinales : met de bonne humeur, améliore la mémoire, renforce le système immunitaire, combat la fatigue, accroît l'énergie et la libido.

Avertissement médical : le ginseng peut diminuer l'efficacité des médicaments anticoagulants.

GRAINES DE FENOUIL

Originaire de la Méditerranée, le fenouil, une plante vivace, appartient à la même famille que la carotte. Il est aujourd'hui utilisé dans le monde entier, en cuisine dans des plats salés, en médecine et en sorcellerie. Il possède de nombreuses applications, du traitement des maux de ventre à la protection des foyers contre les énergies négatives. De nombreuses sorcières l'utilisent d'ailleurs pour purifier, comme alternative à la sauge. Dans les thés et tisanes, il est préférable d'utiliser les graines de fenouil plutôt que le bulbe ou les tiges de la plante.

Aspect : les graines de fenouil sont vert clair, ovales et striées. Elles brunissent légèrement une fois séchées.

Profil gustatif : goût proche de celui de la réglisse, avec un arrière-goût un peu amer. Très parfumé.

Propriétés magiques : courage, force, protection, fertilité, amour, guérison, divination, longévité, purification.

Propriétés médicinales : combat les rhumes ; détend les muscles ; facilite le sommeil ; augmente la production de lait ; soulage les maux d'estomac et la constipation ; est riche en antioxydants.

Avertissement médical : ne pas consommer si vous êtes enceinte, allergique à la carotte, au céleri ou à l'armoise, si vous prenez des anticoagulants ou si vous souffrez de troubles hémorragiques.

HIBISCUS

Cette fleur tropicale ne se contente pas d'être belle… Elle renferme des propriétés magiques et curatives lorsqu'elle est ajoutée à une tisane. Que vous la consommiez froide ou chaude, l'hibiscus ajoutera une touche de magie dans votre journée.

Aspect : les fleurs d'hibiscus sont grosses, en forme de trompette, et poussent sur des arbustes aux feuilles vert foncé. Leurs pétales sont rouge vif lorsqu'elles sont en fleur et deviennent roses à rouge foncé en séchant.

Profil gustatif : acidulé, qui rappelle la canneberge.

Propriétés magiques : divination, amour, désir sexuel, paix, passion.

Propriétés médicinales : améliore la santé du foie, combat les infections bactériennes, diminue la tension artérielle, soulage les douleurs menstruelles, aide à lutter contre la dépression, apaise les troubles digestifs.

Avertissement médical : peut provoquer une baisse de tension ou une hypoglycémie si consommé en même temps que des médicaments pour le diabète ou la tension artérielle.

LAVANDE

L'indispensable d'une journée au spa... Qui n'aime pas l'odeur de la lavande ? Cette jolie fleur au parfum apaisant est très appréciée des phytothérapeutes comme des sorcières. Elle est devenue très à la mode ces dernières années, notamment en cuisine où elle parfume les thés et les desserts. Pourtant, cette herbe délicate existe depuis plus de 2500 ans. Originaire de la Méditerranée, de l'Inde et du Moyen-Orient, elle peut être cultivée presque partout.

Aspect : la lavande possède de petites feuilles gris-vert et s'orne de minuscules fleurs bleu-violet montées sur de longues tiges.

Profil gustatif : sucré avec des notes de terre.

Propriétés magiques : bonheur, guérison, amour, protection, richesse, relaxation, sommeil, magie du rêve.

Propriétés médicinales : diminue l'anxiété ; apaise l'insomnie, la dépression et les maux de tête ; réduit les nausées et les douleurs post-chirurgicales. Elle peut aussi être utile contre l'acné et les irritations cutanées.

Avertissement médical : ne pas consommer en même temps qu'un sédatif.

MÉLISSE

La mélisse est une herbe très populaire qui fait le bonheur des phytothérapeutes, des sorcières et des amateurs de tisanes. Le simple fait de respirer son parfum acidulé donne un regain d'énergie. Son nom vient du grec *melissa*, qui signifie « abeille ». Dans la Turquie antique, on plantait de la mélisse près des ruches pour donner envie aux abeilles de rentrer chez elles. La mélisse est très appréciée des phytothérapeutes pour ses nombreux bienfaits pour la santé. En Europe médiévale, l'infusion de mélisse était appelée « élixir de jeunesse ». Originaire d'Europe, d'Afrique du Nord et de l'Ouest, elle peut être cultivée partout.

Aspect : plante herbacée aux feuilles vertes, en forme de cœur, qui poussent face à face sur une tige carrée.

Profil gustatif : goût citronné, d'agrume.

Propriétés magiques : amour, réussite, guérison, amitié, attirance (en particulier attirance envers un partenaire amoureux ou des amis), développement spirituel.

Propriétés médicinales : soigne les rhumes, la grippe, la fièvre, les maux de gorge, les boutons de fièvre et d'autres virus ; soulage le stress ; réduit l'anxiété ; favorise le calme ; stimule les fonctions cognitives ; soigne l'insomnie ; soulage les indigestions et les nausées. Elle peut aussi diminuer les crampes menstruelles, les maux de tête et de dents... Elle soigne presque tous les petits maux !

Avertissement médical : si vous prenez un traitement contre le glaucome ou les troubles de la thyroïde, consultez votre médecin avant de consommer de la mélisse. Ne pas consommer si vous prenez des sédatifs, si vous êtes sous antidépresseurs ou si vous êtes enceinte.

MÉLISSE, CITRONNELLE ET VERVEINE CITRON, LAQUELLE CHOISIR ?

Le citron est une saveur très appréciée dans les thés et les tisanes. Les sorcières et amatrices de thé débutantes ont parfois du mal à choisir entre ces trois herbes qui se ressemblent : mélisse, citronnelle et verveine citron. Voici quelques éléments pour vous aider à les différencier : la mélisse a un goût de citron plus prononcé que la citronnelle et la verveine citron. La citronnelle est plus astringente et ressemble davantage à de l'herbe qu'à un arbuste ou à une plante herbacée. Toutes trois ont des propriétés curatives et magiques différentes.

MENTHE POIVRÉE

Pendant l'hiver, aux États-Unis, la menthe poivrée est présente partout ! Saviez-vous qu'un latte à la menthe poivrée renferme une énergie plus mystique que la simple magie des fêtes qui approchent ? La menthe poivrée est l'un des parfums de tisane des plus appréciés, tant pour son goût que pour ses vertus apaisantes en cas de mal de gorge, par exemple. Si vous n'êtes pas très fan de menthe, mais désirez tout de même bénéficier de ses vertus curatives, essayez la menthe verte. Son goût est plus doux, car elle contient moins de menthol.

Aspect : la menthe poivrée possède des tiges carrées et des feuilles douces de couleur vert foncé. À la fin de l'été, elle se pare de petites grappes de fleurs violettes. Je vous conseille de l'utiliser fraîche, mais les feuilles séchées font aussi l'affaire.

Profil gustatif : mentholé.

Propriétés magiques : chance, pensées positives, inspiration, divination, prospérité, purification, guérison, clarté d'esprit, protection.

Propriétés médicinales : apaise les céphalées de tension ; réduit la congestion nasale ; diminue les ballonnements, les nausées et les gaz ; contribue à soigner les infections des voies respiratoires supérieures ; réduit les allergies saisonnières ; apaise les maux de gorge ; dynamise.

Avertissement médical : aucun.

NOIX DE MUSCADE

Épice traditionnellement associée aux vacances de fin d'année, on la retrouve aussi bien dans le pain d'épices que dans le lait de poule. Saviez-vous cependant que la noix de muscade renfermait des propriétés magiques, en plus de nous donner envie d'en incorporer à tous nos plats ?

Aspect : la noix de muscade est une graine de forme ovale, issue du muscadier, un arbre originaire d'Indonésie. Marron et mesurant 2-3 cm, elle est recouverte d'une sorte de peau dentelée. Elle est vendue moulue ou entière, à râper.

Profil gustatif : sucré, avec un goût de noisette.

Propriétés magiques : chance, justice, voyage, rêve lucide, attirance, visions psychiques, prospérité.

Propriétés médicinales : soulage les douleurs arthritiques ; stimule la libido ; protège des gingivites ; améliore l'humeur et la mémoire ; renforce le cœur.

Avertissement médical : la noix de muscade peut provoquer des hallucinations et une perte de coordination si elle est consommée en trop grande quantité.

PASSIFLORE

Avec ses fleurs splendides et originales, la passiflore semble tout droit sortie d'un conte fantastique ou d'un grimoire. Originaires du sud des États-Unis, les passiflores étaient utilisées par les Indiens Cherokee et les Algonquins. Des missionnaires espagnols ont donné leur nom à ces fleurs, qui évoquaient pour eux la crucifixion du Christ, parfois appelée la « passion » du Christ (du latin *passio,* qui signifie souffrance). Les pétales et les feuilles de passiflore sont fréquemment utilisés pour préparer des thés, des teintures ou des infusions.

Aspect : la passiflore est une plante grimpante, mais elle peut aussi pousser au sol. Sa fleur ne se confond avec aucune autre : elle possède des pétales couleur lavande, un pistil très visible, qui produit des graines, et des étamines saillantes en son centre (qui renferment le pollen).

Profil gustatif : goût délicat, avec des notes de terre et d'herbes.

Propriétés magiques : amitié, relaxation, chance, amour, calme, paix, sommeil.

Propriétés médicinales : aide contre les problèmes d'anxiété grave ; apaise les tensions musculaires ; soulage les maux de tête et les troubles du sommeil.

Avertissement médical : ne pas consommer si vous êtes enceinte, si vous allaitez et si vous prenez des sédatifs.

PISSENLIT

Souvent haï des amateurs de pelouses bien entretenues, le pissenlit a mauvaise réputation et est souvent considéré comme une mauvaise herbe. Pourtant, toutes les parties de cette jolie fleur jaune sont utilisées en phytothérapie depuis des siècles. Sa racine est très appréciée pour ses vertus curatives et ses propriétés magiques. Oubliez le désherbant et prenez soin de vos pissenlits !

Aspect : fleur au capitule jaune vif, le pissenlit possède une racine très longue et blanche, qui ressemble à une carotte. Cette racine peut être découpée et séchée ou moulue en fine poudre. Les feuilles de pissenlit séchées peuvent aussi être consommées en tisane.

Profil gustatif : goût de noisette, légèrement grillé.

Propriétés magiques : divination, réalisation des souhaits, chance, pouvoirs psychiques, magie du rêve, travail spirituel, purification, magie de l'air.

Propriétés médicinales : diurétique ; réduit l'inflammation ; abaisse le cholestérol ; diminue la tension artérielle ; réduit la constipation ; renforce le système immunitaire.

Avertissement médical : ne pas consommer si vous êtes allergiques à des herbes, si vous êtes enceinte ou que vous allaitez, si vous prenez des antidépresseurs, des diurétiques, un contraceptif à base d'œstrogènes ou des antibiotiques.

RACINE DE RÉGLISSE

La réglisse est l'une des plus anciennes plantes médicinales au monde. Ce n'est pas le parfum de bonbon le plus apprécié, mais c'est une herbe prisée par les sorcières et les phytothérapeutes. La réglisse est une plante originaire d'Asie orientale et du sud de l'Europe. Elle était déjà utilisée dans l'Égypte ancienne : la racine servait à préparer une boisson sucrée favorisant la guérison pour les pharaons. Anecdote amusante : les bonbons à la réglisse ne sont pas parfumés avec la racine de réglisse, mais avec de l'huile essentielle d'anis, qui a un goût très proche. Si vous vous posiez la question...

Aspect : les racines de réglisse ressemblent à de longues brindilles fines, de couleur marron. Moulue, elle peut être incorporée à des thés et des tisanes.

Profil gustatif : entre l'amertume et le sucré.

Propriétés magiques : amour, attirance, lien, confiance en soi, contrôle, fidélité, désir sexuel.

Propriétés médicinales : soigne les aigreurs d'estomac ; apaise les maux de gorge ; stoppe la toux ; protège contre les caries ; soigne les bouffées de chaleur.

Avertissement médical : la réglisse ne doit pas être consommée en grande quantité sur une longue durée. Ne pas consommer si vous êtes enceinte et/ou si vous allaitez, si vous prenez un traitement pour la tension artérielle, un anticoagulant, un traitement pour faire baisser le cholestérol, des diurétiques, un contraceptif à base d'œstrogènes ou des AINS.

ROOIBOS

Le rooibos, mot qui signifie « buisson rouge », est une plante qui pousse en Afrique du Sud. Ce « thé » est préparé avec les feuilles d'un arbuste appelé *Aspalathus linearis*. Devenu très populaire, il est incorporé à de nombreux mélanges et possède de grands pouvoirs magiques.

Aspect : bien qu'il soit appelé « buisson rouge », l'arbuste dont provient le rooibos n'est pas rouge. Il possède des feuilles vertes fines comme des aiguilles et de petites fleurs jaunes. Les feuilles deviennent rouges pendant la fermentation.

Profil gustatif : goût sucré et doux, avec une touche de vanille.

Propriétés magiques : force, courage, détermination, patience, rajeunissement, paix intérieure, énergie, ancrage, interprétation des rêves.

Propriétés médicinales : renforce le cœur ; bon pour la peau ; riche en antioxydants ; facilite la digestion et renforce les os.

Avertissement médical : les personnes sous chimiothérapie ne doivent pas consommer du rooibos en grande quantité. Il peut avoir un effet semblable aux œstrogènes. Par conséquent, ne pas consommer si vous essayez de faire baisser votre taux d'œstrogènes, quelle qu'en soit la raison.

ROSE

Incontournables à la Saint-Valentin, lors d'un anniversaire ou pour dire « je suis désolé », les roses sont les fleurs les plus populaires. Elles sont utilisées aussi bien en cosmétique qu'en cuisine. Ingrédients fréquents dans des sortilèges et les potions, du philtre d'amour à la potion guérisseuse, les roses sont indispensables au placard des sorcières.

Aspect : contrairement à ce que l'on dit souvent, ce ne sont pas des épines, mais des aiguillons qui poussent sur leurs tiges. La forme des roses varie, mais elles sont toujours dressées vers le ciel et possèdent de nombreux pétales rassemblés en forme de coupe. Il existe des roses de toutes les couleurs, rouges, roses, blanches, jaunes et même oranges, bleues ou noires. Leur couleur a une signification magique, à garder à l'esprit lorsque vous l'utilisez pour jeter un sort ou la faites infuser. Le « fruit » du rosier est appelé cynorhodon. Il peut également servir à préparer des tisanes ou des sortilèges. Il est souvent rouge ou orange, de forme arrondie.

Profil gustatif : sucré et fruité, qui rappelle la fraise ou la pomme verte.

Propriétés magiques : divination, avenir, guérison, amour, capacités psychiques, compassion, chance, protection, beauté, glamour, calme.

Propriétés médicinales : diminue l'anxiété ; soulage les douleurs menstruelles ; anti-inflammatoire ; bon pour le cœur ; réduit le stress ; booste le moral. Elle est également bonne pour la peau.

Avertissement médical : ne pas utiliser de produits parfumés à la rose si vous y êtes allergique, ou si vous prenez des anticoagulants ou des antidépresseurs.

THYM

Quel thym fait-il ? Un thym magnifique ! Blague à part, le thym est une herbe merveilleuse, polyvalente et que l'on trouve partout, fraîche ou séchée. Il est très facile d'en faire pousser dans un jardin ou sur un appui de fenêtre. Déjà utilisé dans l'Égypte ancienne pour les embaumements, le thym est également employé depuis des milliers d'années pour ses vertus curatives, que ce soit pour soigner des plaies ou éviter les cauchemars. Il peut servir à tout, ou presque.

Aspect : il existe trois sortes de thym : anglais, allemand et français. Les thyms anglais et français ont de petites feuilles vertes pointues et des tiges rouges, tandis que le thym allemand possède de petites feuilles vertes arrondies et des tiges vertes.

Profil gustatif : notes d'herbe et de fleur.

Propriétés magiques : manifestation, attirance, magie de l'amour, glamour, prospérité, multiplication, apaisement.

Propriétés médicinales : stimule l'appétit ; renforce le système immunitaire ; diminue l'anxiété ; aide à lutter contre les infections respiratoires, les rhumes, les maux de gorge, la toux et les infections urinaires ; soulage les règles douloureuses.

Avertissement médical : ne pas consommer en grande quantité si vous souffrez de troubles hémorragiques, avant de subir une intervention chirurgicale ou si vous prenez des anticoagulants. Le thym agissant sur le corps comme un œstrogène, il est préférable de ne pas en consommer si vous souffrez d'un cancer du sein, de l'utérus ou des ovaires, d'endométriose ou de fibromes utérins.

VERVEINE CITRON

Moins connue que la mélisse et la citronnelle, la verveine citron renommée pour son goût intense de citron, est très appréciée dans les tisanes.

Aspect : plante aux feuilles pointues de couleur jaune-vert, habituellement employées séchées pour préparer des tisanes.

Profil gustatif : goût citronné plus prononcé que celui de la mélisse.

Propriétés magiques : purification, amour, protection contre les cauchemars, force, créativité.

Propriétés médicinales : identiques à celles de la citronnelle et de la mélisse.

Avertissement médical : ne pas consommer si vous êtes enceinte. Peut aggraver l'insuffisance rénale.

YERBA MATÉ

Cette herbe sud-américaine est vraiment magique : elle possède la force du café, apporte le même plaisir que le chocolat et les mêmes bienfaits pour la santé que le thé. Une vraie plante de sorcière ! Les Guaranis, tribu indigène du Brésil, sont les premiers à l'avoir consommée. Ils l'appelaient l'herbe des dieux. Ils pensaient que cette herbe était l'une des réincarnations de la déesse Caá Yarii. Dans les pays d'Amérique du Sud, le yerba maté est souvent bu directement dans une calebasse à l'aide d'une paille métallique appelée « bombilla », et partagé entre amis.

Aspect : le yerba mate est un arbre aux feuilles vert foncé et aux fleurs blanc-vert. Ses feuilles et ses tiges sont séchées et hachées ou moulues puis infusées.

Profil gustatif : goût de terre, avec des notes d'herbe et une pointe d'amertume.

Propriétés magiques : amitié, lien, créativité, clairvoyance, attirance.

Propriétés médicinales : riche en antioxydants ; stimule l'énergie physique et mentale ; améliore la concentration mentale ; lutte contre les pellicules ; stimule le métabolisme ; abaisse le taux de glycémie.

Avertissement médical : le yerba maté contient de la caféine. Ne pas consommer si vous êtes sensible à la caféine, si vous prenez des antidépresseurs ou des médicaments pour la maladie de Parkinson, ou si vous êtes enceinte.

AUTRES INGRÉDIENTS À AVOIR SOUS LA MAIN

Voici quelques ingrédients qui ne sont pas des herbes, des thés ou des épices, mais qu'il est utile d'avoir dans votre placard de sorcière pour intensifier les propriétés magiques de vos préparations, leur goût, ou les deux ! Faites des réserves de :

Citron (zeste ou jus) : attention, énergie, amour, magie de l'amour, soleil, purification, sortilège.

Éclats de fèves de cacao : ancrage, prospérité, bonheur, connexion au monde spirituel.

Grains de poivre : résorbe les blocages énergétiques, renforce les capacités psychiques, protection, force, confiance.

Miel : douceur, abondance, motivation, guérison, bonheur, fées, amour-propre, prospérité, réconciliation en amitié, relations, protection, attirance, magie du glamour, manifestation.

Sucre : manifestation, attirance, magie de l'amour, glamour, prospérité, multiplication, arrange les choses et renforce la réceptivité aux idées.

Vanille (gousse ou extrait) : amour, passion, vitalité, bonheur, guérison, amitié, chance, rapidité d'esprit, beauté, soulage le stress.

Zeste d'orange : divination, amour, chance.

OÙ SE PROCURER LES HERBES ?

Le mieux, ce sont les herbes fraîches ! Comme en cuisine ou en pâtisserie, privilégiez des ingrédients frais dans vos préparations. Herbes, thés et épices frais vous permettront d'obtenir un goût plus savoureux tout en bénéficiant des bienfaits magiques puissants des ingrédients. Il est inutile, cependant, de dépenser des milliers d'euros pour acquérir le « meilleur » thé vert ou une cannelle de luxe pour que vos sortilèges fonctionnent. Ni de cultiver obligatoirement vos propres herbes. Si vous êtes une sorcière au budget serré ou que vous avez des ressources limitées, faites au mieux. Il n'y a aucun mal à acheter des choses toutes prêtes.

Cela dit, comme pour tout en sorcellerie, l'intention est tout aussi importante que les ingrédients utilisés et les sortilèges lancés. Il faut donc agir en conscience. La plupart des thés et des épices que nous avons l'habitude de consommer possèdent une histoire marquée par la violence du colonialisme, de l'impérialisme et de la traite d'êtres humains... un passé violent pas toujours révolu. Le regain de popularité de la sorcellerie a déclenché un regain de l'appropriation culturelle, qui a elle-même donné lieu à une surexploitation des ressources et une exploitation abusive des plantes médicinales ou religieuses d'Inde, d'Afrique, de Chine, d'Amérique du Sud et des tribus indigènes d'Amérique du Nord. S'il vous plaît, honorez ces ingrédients et prenez-en soin. Si possible, achetez-les directement à des petits producteurs qui les cultivent et les récoltent de manière éthique. Avec le capitalisme, il est devenu presque impossible d'éviter totalement les grandes industries qui se sont enrichies en exploitant des hommes et en tirant profit de pratiques spirituelles. Le simple fait d'acheter une herbe ou une épice issue de cultures locales ou auprès de personnes appartenant à ces cultures peut faire la différence.

3

BREUVAGES DE SORCIÈRES : DES THÉS ET DES POTIONS POUR CHAQUE OCCASION

Une potion est un sortilège que l'on peut consommer. Lorsque nous préparons nos potions, nous y ajoutons délibérément différents ingrédients pour obtenir le résultat souhaité, que ce soit du miel dans du thé vert pour soigner un mal de gorge ou de la lavande dans une tisane pour être plus protégé. Vous pouvez procéder de différentes manières pour créer votre propre mélange de thé ou tisane. Vous pouvez cultiver des herbes, les faire sécher et les mélanger puis les écraser dans un mortier avec un pilon. Vous pouvez acheter des herbes dans des petites boutiques spécialisées ou mélanger des thés tout prêts et les faire infuser ensemble. Trouvez la technique qui vous convient le mieux, même si pour cela vous devez faire plusieurs essais.

L'EAU : L'INGRÉDIENT MYSTÈRE DU THÉ

L'eau est le second ingrédient essentiel du thé, après le thé lui-même. Choisissez-la avec soin. Inutile de vous précipiter pour acheter des bouteilles d'eau minérale très chère, mais l'eau du robinet chauffée au micro-ondes ne fera pas l'affaire. En effet, l'eau du robinet est souvent dure et contient des substances qui modifient l'alchimie des boissons. Par ailleurs, lorsque vous faites chauffer de l'eau au micro-ondes, les odeurs des aliments chauffés précédemment infusent dans l'eau et modifient son goût. Pour obtenir le thé le plus savoureux et magique possible, utilisez de l'eau distillée chauffée dans une bouilloire.

FAIRE INFUSER DE LA MAGIE DANS L'EAU

Vous pouvez également charger votre eau de l'énergie du Soleil, de la Lune et même des cristaux. Pour charger un élément, il faut lui faire emmagasiner de l'énergie provenant d'une source extérieure, souvent organique, pour lui donner de la puissance ou infuser la qualité de la source d'énergie dans l'élément. Vous pouvez ainsi utiliser de l'eau chargée de l'énergie du Soleil, de la Lune ou de cristaux pour intensifier l'aspect magique de vos potions.

EAU CHARGÉE DE L'ÉNERGIE DU SOLEIL

Placez votre tasse remplie d'eau au soleil (sur un appui de fenêtre ou dans tout autre endroit ensoleillé) pendant quelques instants. Si vous souhaitez préparer une grande quantité d'eau de soleil, vous pouvez placer une cruche ou un bocal remplis d'eau au soleil pendant une heure et le conserver pour plus tard. Les propriétés magiques de l'eau de soleil sont, entre autres, le bonheur, la positivité et l'énergie.

EAU CHARGÉE DE L'ÉNERGIE DE LA LUNE

Suivez le même processus que pour préparer l'eau de soleil. Placez votre eau à la lumière de la Lune. Un cycle lunaire étant composé de plusieurs phases, renseignez-vous absolument pour savoir quelle est la phase en cours lorsque vous souhaitez charger de l'eau. L'eau chargée lors de la nouvelle lune n'est pas la même que celle chargée pendant la pleine lune.

Eau de la nouvelle lune : nouveaux départs, placement d'intentions, nouveaux projets.

Eau de la pleine lune : apaisement, manifestation, lâcher-prise, énergie forte.

Reportez-vous aux chapitres cinq et six pour savoir ce que chaque phase lunaire représente et charger l'eau de ses énergies.

EAU DE GEMME

Vous pouvez faire infuser la puissance et l'énergie des cristaux dans de l'eau en plaçant une pierre dans l'eau pendant toute une nuit, ou en disposant des pierres autour d'un récipient rempli d'eau.
Remarque : certains cristaux ne doivent pas être placés dans l'eau. Renseignez-vous bien.

Voici quelques idées pour vous lancer :

Eau de quartz rose : guérison, relaxation, apaisement, amour-propre

Eau d'améthyste : protection, sagesse spirituelle, divination, purification.

Eau de citrine : motivation, créativité, équilibre émotionnel.

Eau de pierre de lune : intuition, équilibre, désirs.

MÉLANGER LE THÉ

Lorsque vous préparez un thé ou une potion, il est essentiel d'avoir une cuillère sous la main, et pas seulement pour mélanger les ingrédients que vous y ajoutez tels que le miel et le sucre. En effet, la cuillère agit comme une baguette magique. Certaines personnes aiment utiliser une cuillère ornée d'une pierre (souvent une améthyste ou un quartz), mais n'importe quelle cuillère de cuisine peut faire l'affaire. C'est votre manière de mélanger qui détermine la manière dont le sortilège fonctionnera.

Sens horaire (sens des aiguilles d'une montre) : mélangez votre boisson dans le sens des aiguilles d'une montre pour invoquer ou réveiller votre magie, infuser votre boisson avec une énergie et des intentions positives. Ce geste est supposé attirer les bonnes vibrations telles que la beauté, l'énergie, la richesse et la guérison.

Sens antihoraire (sens inverse des aiguilles d'une montre) : mélangez votre boisson dans le sens inverse des aiguilles d'une montre pour repousser les énergies négatives et les mauvaises vibrations, en agissant comme une protection. C'est idéal pour réduire l'anxiété ou faire sortir certaines personnes de votre vie.

La règle des trois : dans ce livre, nous utiliserons beaucoup le chiffre trois : mélanger trois fois votre boisson, dire trois fois une formule magique, etc. Le chiffre trois est un chiffre puissant en sorcellerie. Il représente la triple déesse (jeune fille, mère et vieille femme). Dans certaines pratiques néopayennes, il faut accomplir trois tâches (une pour chaque déesse) afin d'obtenir leurs faveurs et leur bénédiction ou leur aide pour l'accomplissement du souhait. Dans la Wicca, le chiffre trois représente la loi du triple retour, selon laquelle tout ce que l'on fait nous revient trois fois, en positif ou en négatif. Dès que vous avez un doute avant d'agir, pensez-y.

Voici quelques recettes de thé et de potions pour chaque occasion.

ANTI-ANXIÉ-THÉ

Quand vous commencez la journée l'estomac noué, si vous êtes nerveuse avant un coup de fil ou une réunion importants, si vous êtes très souvent anxieuse ou quand les informations du jour vous terrorisent, cette potion peut vous aider à affronter votre anxiété plus facilement. Ce mélange sans caféine est idéal préparé à l'avance, pour les jours stressants. Vous pouvez le boire pour commencer la journée, le soir au coucher ou la siroter dès que vous ressentez le besoin de vous apaiser.

1 c. à café de passiflore
(effet anti-anxiété, diminue les tensions musculaires, chance)
1 c. à café de pétales de roses séchés *(amour-propre, protection)*
½ c. à café de lavande séchée
(relaxation, guérison, regain de bonheur)
3 gouttes de jus de citron *(conscience)*
1 tasse d'eau chaude
miel, selon votre goût *(guérison et amour-propre)*

Instructions

Placez la passiflore, les pétales de roses et la lavande dans un infuseur (ou en vrac dans la tasse pour pouvoir faire une lecture). Mettez l'infuseur dans un grand mug (si vous en utilisez un). Ajoutez le jus de citron. Versez l'eau chaude dans la tasse ou le mug et ajoutez le miel. Laissez infuser 10 minutes. Retirez l'infuseur et mélangez dans le sens horaire. Fermez les yeux et prenez une grande inspiration, comptez à rebours à partir de dix et buvez votre première gorgée.

Pour une touche de magie

- Utilisez des pétales de roses de couleur rose, couleur associée à la douceur et à la paix.
- Pour accentuer encore le confort et la quiétude, pratiquez le sortilège « Tout va bien se passer » (page 170) avant de boire ce thé.
- Si vous êtes nerveuse au réveil, effectuez le rituel « Les prévisions quotidiennes » (page 113) pour savoir ce que la journée vous réserve. Vous pouvez aussi boire cette tisane avant le rituel « Ai-je besoin de m'inquiéter ? » (page 134) pour découvrir ce pour quoi vous n'avez pas besoin de vous inquiéter.

THÉ POUR UN BON MOMENT

Si ce thé est idéal pour être dégusté par une chaude journée d'été, allongée sur la plage avec vos amies sorcières, il peut aussi être bu les jours de pluie ou de neige, lorsque vous avez besoin d'un petit rayon de soleil pour combattre le blues de l'hiver. Cette boisson est idéale pour renforcer le bonheur et offrir un sentiment de sécurité, donner l'impression d'être en vacances et de ne rien avoir à penser. Elle peut être servie chaude ou froide, selon vos envies.

1 c. à café de thé noir *(énergie, clarté mentale, ancrage)*
½ c. à café de thym frais ou séché
(gentillesse, amour-propre, prospérité)
½ c. à café de myrtilles séchées
(bonheur, levée des inhibitions, désirs)
1 tasse d'eau chaude
1 morceau de zeste de citron *(bonheur, énergie)*

Instructions

Placez le thé, le thym et les myrtilles séchées dans un infuseur (ou en vrac dans la tasse pour pouvoir faire une lecture). Placez l'infuseur dans la tasse. Versez l'eau chaude et laissez infuser 3 minutes. (Pour préparer un thé glacé, retirez l'infuseur et faites refroidir au réfrigérateur.) Ajoutez le zeste de citron et remuez dans le sens horaire avant de déguster.

Pour une touche de magie

- Placez l'eau au soleil pendant une heure avant de faire la préparation pour la charger de l'énergie du soleil. Cela apportera bonheur et énergie à votre boisson.
- Utilisez ce thé avec le « Sortilège pour les bonnes ondes » (page 162) pour doubler la dose d'énergie positive.
- Dessinez un sigil sous la tasse pour attirer le bonheur et faire venir l'énergie positive. Rendez-vous page 155 pour en savoir plus sur la magie des sigils.

LE MÉLANGE DE MIDAS

Dans la mythologie grecque, Midas était un roi très riche qui avait fait une faveur au dieu de la fête, Dionysos. Lorsque celui-ci demanda au roi ce qu'il souhaitait pour le remercier de sa faveur, Midas lui rétorqua « je souhaite que tout ce que je touche se transforme en or ». L'histoire ne s'est pas très bien terminée pour le pauvre Midas, mais cela ne nous empêche pas de rêver d'avoir cette capacité de tout transformer en or un jour ou l'autre au cours de notre vie : réussite professionnelle, opportunités créatives ou tout simplement richesse. Ce mélange vous aidera à exprimer vos désirs et à transformer ce que vous touchez en or… mais pas au sens propre, n'ayez crainte !

1 c. à café de thé blanc *(nouveaux départs, capacité psychique, manifestation)*
1 c. à café de racine de pissenlit séchée *(réalisation des souhaits, chance)*
1 c. à café de mélisse séchée *(réussite, argent)*
½ c. à café de gingembre en poudre *(manifestation rapide)*
1 tasse d'eau chaude

Instructions

Mettez le thé blanc, la racine de pissenlit, la mélisse et le gingembre dans un infuseur (ou en vrac dans la tasse pour pouvoir faire une lecture). Placez l'infuseur dans un mug. Versez l'eau chaude et laissez infuser 7 minutes. Pendant ce temps, observez votre mug et visualisez ce que vous aimeriez avoir en plus grande quantité dans votre vie (argent, projets qui aboutissent, offre d'emploi, rendez-vous amoureux réussis, etc.). Une fois le thé infusé, prenez votre cuillère et mélangez-le trois fois en tournant dans le sens horaire puis tapez au milieu de la tasse : c'est votre « touche » magique.

Pour une touche de magie

- Utilisez de l'eau chargée de l'énergie de la nouvelle lune, idéale pour les manifestations, car la Lune entame juste un nouveau cycle.
- Pour amplifier l'effet d'attirance, couplez ce thé au sortilège « Viens à moi » (page 157).

- Pour vous assurer les meilleurs résultats, préparez ce thé un dimanche, jour idéal pour des sortilèges et des boissons réussis.
- Pour renforcer encore votre confiance et votre volonté, faites le sortilège « Vous êtes plus puissante que vous le croyez » (page 168).

THÉ POUR OUVRIR LE TROISIÈME ŒIL

Tout le monde a la capacité de voir l'avenir. Cela s'appelle l'intuition. Nous sommes toutes nées avec, mais l'appelons parfois différemment : PES (perception extrasensorielle), sixième sens, pouvoir psychique ou troisième œil. Le troisième œil (également nommé sixième chakra) est notre œil invisible, situé entre les sourcils, qui nous aide à distinguer le métaphysique au-delà du monde physique. Certaines personnes ont, dès la naissance, la capacité d'ouvrir leur troisième œil aisément, tandis que cela demande plus de travail à d'autres. Ce thé vous aidera à le faire. Buvez-le en faisant une lecture dans les feuilles de thé ou dans les cartes de tarot, ou lorsque vous devez prendre une décision importante. Cette recette nécessite des pétales de bleuet bleu, fleur associée au chakra du troisième œil pour ses propriétés intuitives et sa couleur bleu indigo vif, identique à celle de ce chakra.

1 ½ c. à café de thé oolong *(divination, conscience psychique)*
½ c. à café de menthe poivrée séchée *(renforce le troisième œil)*
½ c. à café de bleuet bleu séché ou frais
(vision psychique, connaissance de soi, accès à la sagesse intérieure)
1 tasse d'eau chaude

Instructions

Mettez le thé oolong, la menthe poivrée et le bleuet bleu dans un infuseur (ou en vrac dans une tasse pour pouvoir faire une lecture) et placez l'infuseur dans une tasse. Versez l'eau chaude et laissez infuser 4 minutes. L'eau devrait prendre une jolie couleur indigo. Profitez du temps d'infusion pour fermer les yeux et méditer. Sortez l'infuseur (si vous en utilisez) et mélangez le thé trois fois dans le sens horaire. Pendant que vous buvez, fermez les yeux et visualisez votre troisième œil en train de s'ouvrir.

Pour une touche de magie

- Pour faire des rêves prémonitoires, ajoutez ½ c. à café d'armoise séchée dans le mélange et buvez-le juste avant de vous coucher.
- Dessinez sous votre tasse un sigil associé à la divination. Cela renforcera votre intuition (rendez-vous au chapitre six pour en savoir plus sur la magie des sigils).

- Prenez une étoile de badiane et attachez-la à un fil. Utilisez-la en guise de pendule (rendez-vous au chapitre sept pour en savoir plus sur les pendules divinatoires).
- Buvez ce thé lorsque vous faites une séance de tasséomancie ou d'autre divination : tarot, runes, pendule, etc.
- Pour intensifier les résultats, préparez ce thé le lundi, jour le plus propice à la divination.
- Chargez votre thé avec une améthyste ou préparez-le avec de l'eau de gemme chargée avec une améthyste pour renforcer ses propriétés sur le psychisme.

PHILTRE D'AMOUR N° 9

Ah, le philtre d'amour, un grand classique ! C'est la potion la plus demandée en sorcellerie. C'est d'ailleurs l'une des premières que j'ai essayé de préparer. Oui, vous pouvez penser que je suis une incorrigible romantique, mais quelle sorcière n'a pas SA recette de philtre d'amour ? Buvez-la quand vous souhaitez accueillir l'amour dans votre vie, pendant que vous parcourez des applications de rencontre ou tout simplement pour renforcer votre amour de vous-même.

Remarque sur le consentement : les philtres d'amour font l'objet de débats dans la communauté des sorcières. En effet, lorsque l'on « force » quelqu'un à tomber amoureux, la question du consentement se pose. Je pense que tout dépend de la situation. Si vous souhaitez faire entrer l'amour dans votre vie et essayez de l'attirer (ce à quoi cette potion est destinée), alors c'est l'emploi d'un philtre d'amour ne pose pas de problème. Mais si vous prévoyez de le boire pour qu'une personne précise tombe amoureuse de vous (ou, pire, si vous le lui faites boire sans lui dire de quoi il s'agit), là, je dis NON. De plus, forcer une personne à tomber amoureuse de vous n'en vaut jamais la peine, à long terme. Vous finirez par vous rendre compte que ce n'est pas la personne qu'il vous faut, ou que c'est un·e vrai·e crétin·e, qui vous apporte plus de problèmes que de joie. Quand vous buvez ce philtre, essayez de visualiser la bonne personne pour vous, pas celle que vous pensez être la bonne.

1 c. à café de thé blanc *(nouveaux départs, bonheur)*
1 c. à café de pétales de roses frais ou séchés *(charme, amour)*
½ c. à café de feuilles de framboisier séchées *(amour, passion, bonheur)*
½ c. à café de mélisse séchée *(forte attirance, amour)*
un peu d'extrait de vanille pur *(passion, amour, bonheur)*
1 tasse d'eau chaude

Instructions

Mettez le thé blanc, les pétales de roses, les feuilles de framboisier, la mélisse et l'extrait de vanille dans un infuseur (ou directement dans la tasse pour pouvoir faire une lecture) et placez-le dans une tasse. Versez l'eau chaude et laissez infuser 5 minutes. Pendant ce temps, fermez les yeux et essayez de ressentir les sensations que provoque l'amour. Est-ce qu'il vous donne chaud ? Vous fait vous sentir confuse ? Excitée ? Réconfortée ? Convoquez ces sentiments tout en plaçant vos mains autour de la tasse. Quand le thé a infusé, retirez l'infuseur et mélangez-le trois fois. Parcourez des applications de rencontre, flirtez avec quelqu'un ou continuez d'invoquer ces ondes sensuelles tout en le buvant.

Pour une touche de magie

- Ajoutez du miel à votre thé pour vous apporter un peu de douceur.
- Si vous souhaitez faire entrer beaucoup d'amour dans votre vie, ajoutez un peu de sucre, associé à la multiplication. Mais attention, n'en mettez pas trop ! Vous ne voudriez pas être assaillie de prétendants, vous ne sauriez plus où donner de la tête…
- Pour intensifier les ondes romantiques et l'amour-propre, utilisez de l'eau chargée avec du quartz rose.
- Utilisez ce thé pendant que vous effectuez la prédiction « Qui sera mon prochain amour ? » (page 126) ou toute autre prédiction relative à l'amour en général. Remplacez simplement le thé blanc par de l'oolong pour mieux voir les feuilles.
- Buvez ce thé après avoir effectué le sortilège « Aimez-moi, aimez-moi » (page 182) afin d'accroître votre énergie amoureuse et votre attirance.
- Préparez ce thé un vendredi, jour de Vénus, et donc idéal pour les philtres d'amour.

THÉ POUR REPOUSSER LES IDÉES NOIRES

Certains jours sont plus difficiles que d'autres. Une petite voix dans votre tête vous répète en boucle des pensées négatives, ce qui finit par ébranler votre confiance en vous, vous faire douter et avoir peur. Voici une boisson à préparer ces jours-là, pour essayer de faire taire un peu cette petite voix.

1 ½ c. à café de thé noir *(chasser les idées noires)*
1 c. à café de cynorhodon *(amour-propre)*
1 c. à café de mélisse séchée *(guérir des pensées négatives passées)*
¼ c. à café de camomille séchée *(calme et paix intérieurs)*
¼ c. à café de menthe poivrée *(favorise les pensées positives)*
1 tasse d'eau chaude

Instructions

Mettez le thé noir, le cynorhodon, la mélisse, la camomille et la menthe poivrée dans un infuseur (ou directement dans la tasse pour pouvoir faire une lecture) et placez-le dans une tasse. Versez l'eau chaude et laissez infuser 5 minutes. Retirez l'infuseur et mélangez le thé trois fois dans le sens antihoraire, avec votre cuillère. Pendant que vous mélangez, imaginez que vos pensées négatives sont en train d'être chassées de votre esprit et de la planète. Buvez le thé et laissez cette petite voix se taire.

Pour une touche de magie

- Ajoutez un peu de miel pour vous faire encore plus plaisir.
- Associez ce thé au sortilège « Tout va bien se passer » (page 157) pour vous rassurer.
- Pendant que vous le buvez, prenez une feuille et tracez une ligne au centre pour la diviser en deux colonnes. À gauche, inscrivez toutes vos pensées négatives. À droite, écrivez pourquoi la pensée n'est pas fondée ou détournez-la pour en faire une chose positive. Par exemple, si vous pensez « tout le monde me déteste », écrivez « j'ai de nombreux amis qui m'aiment et tiennent à moi, par exemple... » puis énumérez vos amis et vos proches.
- Pendant que vous buvez ce thé, écrivez des mantras réconfortants et répétez-les.

CRÉATIVI-THÉ

Vous avez l'impression d'avoir perdu votre créativité ? Vous vous sentez incapable de produire quoi que ce soit, qu'il s'agisse d'une œuvre d'art ou d'un simple sortilège ? Ce thé est fait pour les écrivains, les artistes, les musiciens et les créateurs de toutes sortes, dans les moments où ils ont la sensation d'avoir perdu toute inspiration. Il favorise l'imagination, dissipe les blocages mentaux et stimule l'énergie pour vous aider à retrouver la créativité et la motivation et à vous sentir prêt à réaliser un chef-d'œuvre.

1 c. à café de thé vert *(regain d'énergie, passion)*
½ c. à café de gingembre séché *(clarté d'esprit, regain d'énergie, confiance, manifestation, passion, puissance, succès)*
½ c. à café de verveine citron séchée *(créativité)*
1 c. à café de menthe verte séchée *(clarté d'esprit, inspiration, pensées positives, prospérité)*
¼ c. à café de fleur de sureau séchée *(nouveaux départs, prospérité)*
1 tasse d'eau chaude
un peu de miel *(abondance, motivation, réalisation, prospérité)*

Instructions

Pour un résultat optimal, préparez-vous ce thé à l'endroit où vous travaillez habituellement : à votre bureau, dans votre atelier, dans votre lit... Mettez le thé vert, le gingembre, la verveine citron, la menthe verte et les fleurs de sureau dans un infuseur et placez-le dans une tasse. Versez l'eau chaude et laissez infuser 7 minutes. Pendant ce temps, préparez votre matériel créatif : carnet, stylo, crayons de couleur, carnet de croquis, peinture, etc. Quand le thé est infusé, ajoutez le miel et mélangez trois fois dans le sens horaire, avec votre cuillère. Pendant que vous le buvez, laissez votre esprit vagabonder sans vous focaliser sur quelque chose en particulier et sans vous forcer à être créative. Laissez simplement vagabonder vos pensées et voyez où cela vous mène. Quand vous sentez que l'inspiration arrive, saisissez votre stylo ou votre pinceau et mettez-vous au travail ! Ne réfléchissez pas, suivez votre ressenti et voyez où il vous mène.

Pour une touche de magie

- Associez ce thé au sortilège « Viens à moi » (page 157) pour nourrir encore plus votre inspiration.
- Ce mélange n'est pas le plus adapté pour faire une lecture. Il peut stimuler l'imagination pour inventer une histoire, mais il risque de vous rendre un peu trop créative... Vous feriez une interprétation complètement perchée, qui ressemblerait davantage à de la science-fiction qu'à la vraie vie. Cela dit, cela peut vous être utile si vous êtes écrivaine et souffrez du syndrome de la page blanche.
- Le mercredi, jour de Mercure, planète de la communication, est particulièrement indiqué pour utiliser ce thé.

LA BOISSON DES SORCIÈRES PAR EXCELLENCE

Les épices qui agrémentent la traditionnelle tarte à la citrouille américaine sont les favorites des sorcières, et pas uniquement, car elles sont utilisées en automne, saison des sorcières, mais surtout, car il s'agit d'un mélange d'herbes et d'épices qui donnent un coup de fouet à toutes les qualités dont les sorcières modernes ont besoin : courage, énergie, créativité, réussite, bonheur, protection et un peu de chance. Ce latte aux épices d'automne que vous adorez est une véritable potion magique. Si vous voulez convoquer cette magie tout au long de l'année, préparez-vous régulièrement cette délicieuse boisson.

---

1 ½ c. à café de rooibos *(regain d'énergie, courage)*
⅓ c. à café de cannelle moulue *(bonheur, créativité)*
½ c. à café de gingembre frais ou séché *(confiance, réussite)*
¼ c. à café de clous de girofle entiers *(protection)*
⅓ c. à café de noix de muscade moulue *(chance, richesse, puissance psychique, attirance)*
2 étoiles de badiane *(anis étoilé) (réussite)*
1 tasse d'eau chaude

Instructions

Mettez le rooibos, la cannelle, le gingembre, les clous de girofle, la noix de muscade et la badiane dans un infuseur (ou en vrac dans la tasse pour pouvoir faire une lecture) et placez l'infuseur dans votre tasse. Versez l'eau chaude et laissez infuser 5 minutes. Mélangez trois fois dans le sens des aiguilles d'une montre. Buvez et faites de la magie, sorcières !

Pour une touche de magie

- Afin d'utiliser ce mélange pour faire une interprétation, remplacez le rooibos par 1 ½ c. à café de thé noir.
- Pour faire de la divination, nouez un fil à une étoile de badiane et faites tournoyer ce pendule au-dessus de la tasse.

- Pour renforcer la magie, buvez ce thé en effectuant le sortilège « Vous êtes plus puissante que vous le croyez » (page 168).

ÉLIXIR DE CHARME

La magie qui touche au charme a toujours été populaire, dans la magie traditionnelle comme dans la magie moderne, mais elle est souvent mal comprise. Non, elle ne vous transformera pas en une personne totalement différente en une nuit. Elle ne modifiera pas radicalement votre apparence, pas plus que les parties de votre visage et de votre corps qui ne vous plaisent pas. Mais cet élixir de charme peut renforcer votre confiance en vous, faire ressortir votre beauté naturelle et faire en sorte que les gens soient attirés par votre apparence unique. De plus, si vous le consommez régulièrement, il améliorera l'état de votre peau et de vos cheveux. Buvez-le avant un rendez-vous amoureux, pendant que vous vous préparez ou dès que vous avez envie de booster votre apparence.

1 c. à café de rooibos
(rajeunissement, teint lumineux, paix intérieure)
1 c. à café de ginseng en poudre *(beauté, vitalité)*
½ c. à café de thym frais ou séché *(attirance, charme)*
½ c. à café de fleurs d'hibiscus séchées
(charme, relaxation, santé des cheveux)
1 pincée de copeaux de noix de coco *(confiance en soi)*
1 tasse d'eau chaude

Instructions

Mettez le rooibos, le ginseng, le thym, les fleurs d'hibiscus et les copeaux de noix de coco dans un infuseur (ou en vrac dans la tasse pour pouvoir faire une lecture) et placez-le dans la tasse. Versez l'eau chaude et laissez infuser 4 minutes. Mélangez trois fois dans le sens horaire. Buvez cette boisson en vous coiffant, en vous maquillant, en choisissant votre tenue, en mettant du vernis à ongles ou en prenant des selfies... À boire dès que vous souhaitez renforcer vos attraits.

Pour une touche de magie

- Si vous buvez cette boisson juste avant un rendez-vous amoureux, ou si vous souhaitez prendre soin de votre bouche par la même occasion, remplacez la noix de coco par 1/2 c. à café de menthe poivrée, pour avoir l'haleine fraîche.
- Buvez cet élixir juste avant le rituel « Aimez-moi, aimez-moi »(page 182) pour renforcer votre amour-propre.

- Le vendredi, jour de Vénus, déesse de l'amour et de la beauté, est idéal pour préparer cette boisson.
- Pour renforcer la magie, utilisez une tasse lavande, couleur associée à la beauté.

UNE TASSE DE CONFIANCE

Même la sorcière la plus puissante a besoin de raviver sa confiance en elle de temps à autre. Quand la peur vous paralyse, que ce soit avant un entretien d'embauche, un premier rendez-vous, une discussion ou un événement importants, ce thé vous aidera en vous donnant confiance, courage et un peu de chance.

1 ½ c. à café de thé Earl Grey
(l'huile essentielle de bergamote qu'il contient apporte confiance, acceptation de soi, optimisme, espoir et estime de soi, alors que le thé noir donne courage, regain d'énergie et force)
½ c. à café de feuilles de framboisier *(confiance, protection)*
½ c. à café de racine de réglisse *(contrôle, pouvoir)*
¼ c. à café de cannelle moulue *(chance, réussite)*
1 tasse d'eau chaude
un peu de miel *(motivation, réalisation)*

Instructions

Mettez le thé Earl Grey, les feuilles de framboisier, la racine de réglisse et la cannelle dans un infuseur (ou en vrac dans la tasse pour pouvoir faire une lecture) et placez-le dans votre tasse. Versez l'eau chaude et laissez infuser 4 minutes. Ajoutez le miel en remuant trois fois dans le sens horaire. Laissez la puissance et la confiance circuler en vous tout en buvant ce thé. Vous voilà prête à conquérir le monde !

Pour une touche de magie

- Si vous vous demandez ce que vous réserve votre journée, effectuez le rituel « Prévisions quotidiennes » (page 113) pour renforcer votre confiance pour la journée.
- Si vous espérez que ce regain de confiance vous aide à attirer des choses que vous souhaitez, effectuez le sortilège « Viens à moi » (page 157).
- Et pour bénéficier d'une double dose de confiance, réalisez le sortilège « Vous êtes plus puissante que vous le croyez » (page 168).
- Si vous avez besoin de confirmer que les choses se passeront comme vous le souhaitez, optez pour le sortilège « Tout va bien se passer » (page 157.)

TISANE POUR DE BEAUX RÊVES

Si vous éprouvez des difficultés pour vous endormir, cette tisane vous aidera à apaiser votre esprit en favorisant la paix intérieure, en soulageant le stress et en facilitant les pensées positives, et vous permettra de glisser doucement dans le sommeil.

1 c. à café de lavande séchée *(apaisante, repos, beaux rêves)*
1 c. à café de passiflore séchée *(apaisante, paix)*
1 c. à café de menthe verte *(pensées positives)*
½ c. à café de verveine citron séchée
(protection contre les cauchemars)
1 tasse d'eau chaude

Instructions

Juste avant de vous coucher, mettez la lavande, la passiflore, la menthe verte et la verveine citron dans un infuseur et placez-le dans votre tasse. Versez l'eau chaude et laissez infuser 5 minutes. Pendant ce temps, effectuez votre rituel du coucher. Quand la tisane est infusée, mélangez-la trois fois avec une cuillère. Si possible, buvez-la au lit tout en faisant une activité relaxante : en lisant, en écoutant de la musique douce, en méditant, etc. Évitez d'utiliser des appareils électroniques, trop stimulants. Buvez et préparez-vous à faire de beaux rêves.

Pour une touche de magie

- Si vous préférez faire des rêves prémonitoires, ajoutez 1/2 c. à café d'armoise séchée à la préparation.
- Effectuez le sortilège « Je VEUX dormir » (page 174) pour vous endormir plus facilement.
- Vous pouvez également utiliser ce mélange pour parfumer un chocolat chaud, en enlevant la verveine citron. Préparez-vous un chocolat chaud classique (en faisant fondre du chocolat ou avec du chocolat en poudre). Placez les ingrédients de la tisane dans l'infuseur et laissez infuser 5 minutes dans la tasse de chocolat.
- Dessinez un sigil pour une nuit de sommeil réparateur. Placez-le sous la tasse ou sous votre oreiller (rendez-vous page 155 pour en savoir plus sur les sigils).
- Placez une améthyste à côté de votre lit pour favoriser les beaux rêves.

SÉCURI-THÉ

Le monde peut faire peur, et même très peur. Nous avons toutes besoin de nous sentir un peu plus protégées, quand nous sommes seules chez nous, quand nous nous rendons dans un endroit inconnu ou tout simplement quand nous ne nous sentons pas assez en sécurité. Ce thé pourra vous protéger du mal (personnes toxiques ou esprits dangereux), dissiper les mauvaises énergies et vous aider à apaiser votre esprit. Il vous rendra également vigilante et préparée si les choses tournent mal. Il existe plusieurs variantes en fonction de votre besoin de sécuri-thé, proposées dans la section « pour une touche de magie ».

Remarque : ce thé a pour objectif de vous protéger un peu plus, mais pas d'être votre seule forme de protection. Continuez à prendre des mesures magiques et non magiques habituelles pour vous protéger : fermez votre porte à clé, assurez-vous que quelqu'un sait où vous vous trouvez quand vous voyagez seule, n'acceptez pas un verre offert par un inconnu, etc.

1 c. à café de thé noir parfumé à la vanille ou de thé noir avec de l'extrait de vanille *(le thé noir apporte courage, ancrage et stabilité et chasse les mauvaises énergies et la vanille soulage le stress et accroît la vivacité d'esprit)*
½ c. à café de fleurs de sureau séchées *(protection, apaisement)*
1 c. à café de camomille séchée *(paix, protection)*
½ c. à café de citronnelle séchée *(repousse les énergies négatives)*
1 tasse d'eau chaude

Instructions

Avant de commencer, si possible, faites un cercle de sel autour de vous ou de votre tasse pour renforcer la protection. Mettez le thé à la vanille, la fleur de sureau, la camomille et la citronnelle dans un infuseur et placez-le dans votre tasse. Versez l'eau chaude et laissez infuser

5 minutes. Pendant ce temps, visualisez-vous parfaitement protégée, comme si une barrière vous entourait et tenait le mal à distance. Gardez cette image en tête. Quand le thé a infusé, mélangez-le trois fois dans le sens antihoraire pour chasser les énergies négatives. Puis mélangez-le trois fois dans le sens horaire en disant à chaque tour « Je suis en sécurité, je suis protégée, je suis à l'abri ». Buvez et sentez-vous protégée.

Pour une touche de magie

- Si vous avez besoin d'être protégée sur le plan juridique, remplacez la camomille par du calendula séché.
- Si vous réclamez une protection spirituelle, ajoutez 1 c. à café de menthe verte séchée.
- Si vous désirez être protégée contre une maladie ou contre le mal, remplacez le thé à la vanille par du thé Earl Grey.
- Si vous souhaitez vous sentir en sécurité chez vous, ajoutez des myrtilles fraîches ou séchées à la préparation ou quelques gouttes d'arôme de myrtille.
- Dessinez un sigil de protection sous votre tasse ou sur une feuille posée sous votre tasse pour être encore plus protégée (rendez-vous page 155 pour en savoir plus sur les sigils).
- Avant de préparer ce thé, purifiez la pièce par fumigation, en faisant brûler de la sauge ou du romarin ou en y pulvérisant de l'eau chargée de l'énergie du soleil.
- Pour vous sentir encore plus réconfortée, effectuez le sortilège « Tout va bien se passer » (page 157).

MÉLANGE POUR LA MÉDI-THÉ-TION

Méditation et sorcellerie vont souvent de pair, car la magie implique introspection, connexion à l'univers et concentration sur soi pour trouver des réponses. Malheureusement, il est parfois difficile de dégager le temps ou la disponibilité d'esprit nécessaires pour pratiquer la méditation. Nous sommes constamment en train de penser à autre chose, nos cerveaux ne s'arrêtent jamais assez longtemps pour que nos corps puissent se reposer. Au lieu de trouver des réponses, nous nous sentons plus perdues que jamais. Ce thé peut nous aider à nous poser et à nous ouvrir à la clarté d'esprit et à la guidance intérieure pendant la méditation. Vous découvrirez alors que plus vous méditez, plus vos sortilèges et vos séances de divinations seront aboutis, car vous serez connectée à votre puissance supérieure.

1 ½ c. à café de thé blanc
(méditation, purification, réalisation, bénédictions)
¼ c. à café de cardamome moulue
(clarté d'esprit, sagesse, direction)
1 c. à café de passiflore fraîche ou séchée *(apaisante, paix)*
¼ c. à café d'éclats de fèves de cacao
(connexions spirituelles, ancrage)
1 tasse d'eau de nouvelle lune, chaude

Instructions

Mettez le thé blanc, la cardamome, la passiflore et les éclats de fèves de cacao dans un infuseur et placez-le dans votre tasse. Versez l'eau chaude et laissez infuser 3 minutes puis remuez le thé trois fois dans le sens horaire. Pendant ce temps, installez-vous confortablement (assise en tailleur au sol, allongée sur votre lit, assise dehors… là où vous vous sentez à l'aise pour méditer). Buvez le thé lentement, en veillant à ne pas vous laisser distraire. C'est votre moment à vous. Fermez les yeux et restez immobile, soyez dans l'instant présent et méditez.

Pour une touche de magie

- Si vous éprouvez des difficultés pour méditer seule, écoutez une playlist spéciale méditation ou suivez une séance de méditation guidée.
- Tenez un morceau de quartz transparent dans votre main libre pendant que vous sirotez votre thé, pour vous aider à garder l'esprit clair.
- Le meilleur moment pour préparer ce thé est la période du dernier croissant de lune, idéale pour la méditation, ou le samedi, jour associé à la méditation et à l'arrêt de mauvaises habitudes.

PARLONS ARGENT

Même si l'argent ne fait pas le bonheur, il ne fait pas de mal à une sorcière fauchée. Si vous êtes un peu juste, si vous avez perdu votre emploi ou si vous êtes à découvert, ce thé peut vous aider à faire rentrer de l'argent rapidement. Ne vous attendez pas à un miracle, vous ne deviendrez pas millionnaire du jour au lendemain (sauf s'il vous aide à deviner les numéros du loto !), mais il pourra vous permettre de trouver quelques liquidités quand vous en avez besoin.

2 c. à café de thé vert *(richesse)*
½ c. à café de thym frais ou séché
(prospérité, réalisation, attirance)
¼ c. à café de cannelle moulue *(richesse, chance, réussite)*
1 tasse d'eau chaude
un peu de miel *(abondance, réalisation)*
sucre, à votre convenance *(attirance, prospérité, multiplication)*

Instructions

Mettez le thé vert, le thym et la cannelle dans votre infuseur (ou en vrac dans votre tasse pour pouvoir faire une lecture) et placez-le dans la tasse. Versez l'eau chaude et laissez infuser 5 minutes. Ajoutez le miel et le sucre et remuez trois fois dans le sens horaire. À chaque tour, pensez à la somme d'argent que vous aimeriez gagner. Dites-vous par exemple, « ce serait super d'avoir 500 euros tout de suite » ou « pour mon prochain poste, je toucherai 50 000 euros par an ». Ne vous dites pas « j'ai besoin de ceci » ou « je veux de l'argent », vous ne devez pas avoir l'air désespéré. Estimez précisément la somme que vous souhaitez, pour ne pas vous sentir flouée. En sirotant le thé, pensez à ce que vous feriez avec cet argent et visualisez-vous en train de le faire.

Pour une touche de magie

- Effectuez le sortilège « Viens à moi » (page 157) pour accélérer l'arrivée de cet argent.
- Dessinez trois symboles de dollars sur une feuille et placez-la sous votre tasse pendant que vous buvez. C'est une manière d'utiliser la magie des sigils pour obtenir ce que l'on désire (rendez-vous page 155 pour en savoir plus sur les sigils).
- Pratiquez ce sortilège un mardi, jour associé aux sortilèges relatifs à l'argent.

BOOSTER D'IMMUNI-THÉ

Le thé, et les herbes en général, sont utilisés depuis des milliers d'années pour soigner, que ce soit un mal de gorge ou un chagrin d'amour. Si vous ne savez pas trop ce qui cloche mais que vous vous sentez lasse, ou si vous désirez vous préparer avant la saison de la grippe et des rhumes, ce thé est fait pour vous. C'est un breuvage guérisseur puissant, qui peut soigner ce qui vous met mal en point et renforcer votre immunité pour vous protéger des maladies. Il est en outre facile de l'adapter à des besoins spécifiques en remplaçant certains ingrédients (voir « pour une touche de magie » page suivante).

1 c. à café de thé vert
(riche en antioxydants, stimule le métabolisme et le système immunitaire, associé à la guérison et la régulation de l'énergie)
1 c. à café de fleurs de sureau séchées
(renforce le système immunitaire, combat le rhume et la grippe, riche en vitamine C, soigne les infections des sinus, associé à la guérison, au repos et à la renaissance)
½ c. à café de pétales de calendula séchés
(anti-inflammatoire, soulage les maux de gorge, riche en antioxydants, associé à la guérison et la protection)
½ c. à café de curcuma en poudre
(longévité, renforce le système immunitaire, réduit les symptômes du rhume des foins, soulage les aigreurs d'estomac, associé à la protection et à la santé)
1 tasse d'eau chaude
un trait de jus d'orange frais
(riche en vitamine C, associé à la guérison)

Instructions

Mettez le thé vert, les fleurs de sureau, le calendula et le curcuma dans un infuseur et placez-le dans votre tasse. Versez l'eau chaude et laissez infuser 3 minutes. Ajoutez le jus d'orange et mélangez trois fois dans le sens anti-horaire avant de déguster. En sirotant ce thé, visualisez qu'une lumière vive et chaude traverse votre corps, vous soigne et vous protège.

Pour une touche de magie

- Si vous souffrez de migraines tenaces, ajoutez ½ c. à café de menthe poivrée ou de lavande et supprimez le curcuma.
- Si vous souffrez de maux de ventre, remplacez le curcuma par ½ c. à café de mélisse.
- Si vous souffrez de maux de ventre et de crampes dus au SPM, remplacez le curcuma et le calendula par ½ c. à café de feuilles de framboisier et ¼ c. à café de camomille.
- Pour renforcer l'efficacité magique de ce thé, préparez-le avec de l'eau chargée de l'énergie de la pleine lune.

4

LIRE VOTRE AVENIR

La tasséomancie est une forme de divination très ancienne, utilisée depuis des siècles. Elle peut être intimidante au départ, mais une fois que vous la pratiquerez, vous constaterez que c'est un processus simple et très souple. Voici comment pratiquer ce rituel.

SE FAMILIARISER AVEC SA TASSE

Comme pour tout autre instrument magique (baguette, jeu de tarot, cristal), il est essentiel de se familiariser avec son instrument avant de l'utiliser. En tasséomancie, il est évidemment indispensable d'avoir une tasse à portée de main (attention, il faut une vraie tasse, pas un mug ni un verre). Choisissez-en une tout ce qu'il y a de plus classique, de préférence en céramique ou en porcelaine. En effet, les feuilles se déposent plus facilement sur des parois inclinées que sur les bords droits d'un mug.

Il est préférable que l'intérieur de la tasse soit blanc : s'il est trop sombre ou décoré de motifs, il sera plus difficile de distinguer les feuilles, surtout s'il s'agit de thé noir.

Il est également essentiel d'avoir une sous-tasse, mais si vous n'en avez pas, une petite assiette peut faire l'affaire.

Pour choisir une tasse, inutile de faire preuve d'originalité : une tasse simple et résistante, avec une anse solide, suffit amplement. Il faut que vous soyez à l'aise pour la manipuler et qu'elle ne soit pas trop fragile ou délicate, car vous allez beaucoup vous en servir. Si possible, utilisez-la uniquement pour la tasséomancie ou d'autres pratiques magiques. Vous ne voudriez pas recevoir des conseils non sollicités pendant que vous buvez votre thé ou votre café du matin !

Pour une touche de magie

- Quand vous n'utilisez pas la tasse, placez-y un morceau de quartz transparent. Cela purifiera les énergies de la dernière séance de divination (en particulier si elle a été éprouvante) et équilibrera les énergies magiques. La veille d'une séance de lecture dans les feuilles de thé, placez une améthyste dans la tasse pour qu'elle se charge d'énergie psychique pendant la nuit.

CHOISIR SON THÉ

Le thé est le second ingrédient essentiel de la tasséomancie. Pour vos premières lectures, je vous conseille de choisir des thés noirs simples, car leurs feuilles sont plus faciles à distinguer. Vous pourrez ensuite utiliser les recettes proposées au chapitre trois. Voici deux thés que je vous recommande :

Thé noir en vrac : très foncé, le thé noir se voit facilement dans la tasse. De plus, il renforce la clarté d'esprit et l'ancrage, deux éléments importants pour la divination.

Thé oolong en vrac : le oolong est un thé aux feuilles suffisamment foncées pour être observées facilement. De plus, elles sont souvent plus longues et plus larges que celles des autres thés, il est donc plus facile d'y distinguer des formes (et cela réduit le risque d'avaler des feuilles par inadvertance pendant la dégustation). Le oolong représente la connexion, la divination et la réflexion, ce qui renforce le psychisme pendant la séance. Il est idéal pour les débutants.

Il est essentiel d'utiliser du thé en vrac pour les lectures. Si possible, évitez le thé en sachet vendu en grandes surfaces. S'il convient pour la dégustation, les potions et les sortilèges, il est loin d'être idéal pour la divination. En effet, les feuilles y sont réduites en une poudre tellement fine qu'il est vraiment très difficile de procéder à une lecture, surtout lorsque l'on débute.

Par ailleurs, pour vos premières interprétations, choisissez un thé que vous aimez boire nature. N'y ajoutez pas de lait, de miel, ni de sucre, cela pourrait faire adhérer les feuilles aux parois de la tasse ce qui troublerait la lecture.

QUESTIONS À POSER

Dans le chapitre suivant, nous présenterons divers rituels autour de la lecture dans les feuilles de thé, adaptés à différents types de questions, qu'elles soient générales (« que me réserve l'année à venir ? ») ou spécifiques (« quel est le prénom et le signe astrologique de mon prochain partenaire amoureux ? »). Voici quelques questions précises sur lesquelles vous concentrer pour débuter et vous familiariser avec la tasséomancie. Les questions générales appellent des réponses générales, ce qui n'est pas très intéressant pour les débutants. Voici quelques exemples de questions précises :

Quelle est l'énergie de ma journée ?

Sur quoi devrais-je me concentrer aujourd'hui ?

Comment trouver le métier qui me convient ?

Que faire pour faire naître une idylle dans ma vie ?

Est-ce que je vais me remettre avec mon ex ?

Que devrais-je rechercher chez un partenaire amoureux ?

À quoi dois-je faire attention ?

Qu'est-ce qui pourrait m'aider à soulager ma peine ?

Comment pourrais-je faire croître/développer mon entreprise ?

Quelle chose importante ai-je oubliée ?

Ces questions sont assez spécifiques mais n'appellent pas une réponse en un seul mot. N'oubliez pas, l'adaptabilité est le maître-mot de la tasséomancie.

DIVISER LA TASSE

Avant d'entamer le rituel, il est utile de diviser la tasse en plusieurs parties. Cela vous facilitera les choses au moment de la lecture et votre interprétation sera plus précise et exacte. Comme au tarot, où l'on dispose les cartes dans un ordre précis, chaque partie possède une signification. Nous verrons dans le chapitre cinq différentes méthodes pour diviser la tasse. Pour les premières séances, je vous conseille de la diviser en trois zones :

- Le rebord de la tasse
- Les parois de la tasse
- Le fond de la tasse

Vous pouvez utiliser ces zones pour représenter trois choses différentes, en fonction du type de question que vous posez. Si votre question porte sur le temps ou le calendrier : le rebord représente les événements du présent, les parois des événements qui se produiront bientôt (dans les jours qui viennent) et le fond le futur lointain (dans les mois qui viennent).

Si elle porte sur le lien, la connexion, les zones peuvent représenter la distance physique ou symbolique entre deux personnes. C'est particulièrement utile pour les questions sur les relations. Le rebord montre les caractéristiques d'une relation actuelle, les parois de la relation dans le futur proche, et le fond dans le futur lointain.
Enfin, les zones peuvent correspondre à l'intensité d'un événement à venir. Le rebord évoque alors à un événement qui change la vie. Les parois montrent des événements qui perturbent et le fond des choses qui ne doivent pas vous inquiéter.

S'il vous semble trop difficile de procéder à cette division, notamment pour votre première lecture, le plus simple est de séparer la tasse en deux : le passé et le futur. Divisez la tasse en deux, de part et d'autre de l'anse. Les symboles qui apparaissent dans la partie gauche de la tasse représentent le passé, et ceux qui s'observent dans la partie droite le futur. Tout ce qui se dépose près de l'anse représente le présent.

À propos de l'anse : en tasséomancie, l'anse de la tasse représente le conduit énergétique qui connecte le royaume physique au royaume spirituel. Considérez-la comme une sorte de baguette magique, qui vous relie à la magie. L'anse vous représente, vous, la personne qui fait l'interprétation. C'est elle qui guide votre lecture et la manière dont vous observez la tasse. Si des feuilles se déposent près de l'anse, le symbole est souvent en rapport avec ce qui vous entoure ou un événement qui aura un grand impact sur vous. Pensez-y quand vous faites votre interprétation !

LE RITUEL

Et voilà le moment tant attendu depuis que vous avez débuté la lecture de ce livre (sauf si vous êtes venue directement à cette section !), celui d'entamer le rituel ! Comme souvent en sorcellerie, le rituel de tasséomancie est fluide et flexible, adaptable à toutes les sorcières. Pour la première fois, je vous propose tout de même un guidage pas à pas. Quand vous vous sentirez à l'aise, n'hésitez pas à utiliser les thés, les rituels et les sortilèges présentés dans les chapitres trois, cinq et six, ou vos propres idées.

Organisation : vous pouvez pratiquer la tasséomancie à n'importe quel moment et n'importe où. Cependant, pour votre première séance, je vous conseille de trouver un endroit agréable et calme, bien éclairé, où vous ne serez pas distraite. La plupart des gens préfèrent réaliser leurs interprétations à table, à un endroit où ils peuvent avoir les pieds fermement ancrés au sol, et où la tasse et la sous-tasse sont bien stables. Traditionnellement, les lectures étaient réalisées le matin, mais l'heure exacte n'a pas d'importance. Vous devez avant tout prendre votre temps. Ne faites pas votre séance si vous avez beaucoup d'autres choses à faire et que vous êtes pressée, car cela risque d'être un peu long, surtout les premières fois. Ce doit être un moment calme, apaisant, propice à l'introspection. Choisissez donc un endroit calme et confortable, asseyez-vous et allumez quelques bougies ou de l'encens pour ajouter une touche magique et apaisante.

---

tasse et sous-tasse
1 c. à soupe de thé en vrac
1 tasse d'eau chaude
papier et crayon *(ou votre téléphone)*
pour noter votre interprétation ce livre

Étape 1 : préparez tout le matériel et installez-vous dans un endroit calme et confortable. Fermez les yeux et respirez calmement pour vous ancrer dans l'instant présent. Certaines personnes aiment méditer avant de faire une lecture pour être mieux connectées au royaume spirituel et ouvrir leur intuition. Cela peut aussi vous apaiser si vous êtes stressée. L'ancrage est essentiel à toute pratique divinatoire. Remarque : ne pratiquez jamais la divination quand vous êtes nerveuse, cela se passe toujours mal.

Étape 2 : une fois que vous êtes bien ancrée, déposez le thé dans la tasse et versez l'eau chaude.

Étape 3 : pendant que le thé refroidit, prenez la tasse entre vos mains et fermez les yeux. Visualisez-vous en train de transférer votre énergie dans votre tasse.

Étape 4 : réfléchissez à votre question. Vous pouvez même la poser à voix haute.

Étape 5 : buvez votre thé à petites gorgées tout en pensant à la question posée. Placez bien votre bouche contre le rebord de la tasse en buvant pour avaler le moins de feuilles possible.

Tour de magie : si vous n'aimez pas boire votre thé alors que des feuilles flottent dans la tasse ou si vous avez peur d'avaler des feuilles, utilisez un infuseur à trous très larges, qui laissera passer une bonne partie du thé. La lecture ne sera pas idéale, mais il restera suffisamment de feuilles pour faire une interprétation tout en limitant les problèmes sensoriels.

Étape 6 : quand il ne reste plus qu'une gorgée de thé (environ une cuillerée à soupe), prenez la tasse dans votre main gauche (main de l'intuition) et faites tourner trois fois le liquide dans le sens des aiguilles d'une montre. Procédez doucement pour ne pas vous éclabousser.

Étape 7 : toujours avec la main gauche, retournez la tasse sur la sous-tasse. Laissez-la égoutter une minute environ. Tapez sur le fond de la tasse trois fois avec l'articulation de l'index pour décoller les feuilles.

Étape 8 : faites tourner la tasse trois fois. Retournez-la avec votre main dominante, en plaçant l'anse vers vous.

Étape 9 : vous êtes prête pour faire votre interprétation !

La lecture

La première fois que j'ai fait une lecture de feuilles de thé, quand j'ai retourné la tasse, je me suis dit « Oh Oh, j'ai dû me tromper quelque part, ça ne ressemble à rien ! » et j'ai paniqué. C'est une réaction tout à fait normale. À la différence d'autres formes de divination comme le tarot, où il y a des règles à suivre et où chaque carte a un sens précis, la tasséomancie repose sur l'intuition et l'interprétation. Ne vous en faites pas si vous ne distinguez qu'un tas de feuilles, c'est normal. Attendez quelques instants. N'espérez pas voir un message inscrit en toutes lettres ! (Si c'est le cas, sortez la sauge, des fantômes sont dans la pièce...) Laissez votre esprit divaguer tout en observant la tasse. Ne vous concentrez pas sur une zone précise. Laissez les images venir à vous quand elles seront prêtes. Regardez d'abord les plus grands symboles, puis recherchez les plus petits. N'oubliez pas de faire pivoter la tasse pour observer les feuilles sous différents angles, cela vous aidera à reconnaître des symboles et des formes. Le nombre de formes que vous observez est souvent révélateur de ce qui se passe dans votre vie. Si vous voyez beaucoup de symboles, vous êtes probablement confrontée à de nombreux événements importants en ce moment.

Notez immédiatement les symboles que vous apercevez et vos premières impressions. Ne réfléchissez pas et ne vous faites pas des nœuds au cerveau pour tenter de déterminer si cette ligne étrange sur le rebord est un S ou un serpent. Si vous avez pensé « serpent » dès que vous l'avez vue, c'est un serpent. Notre première impression est souvent l'œuvre de notre intuition.
Dans vos notes, indiquez à quel endroit se trouve chaque symbole. Par exemple, écrivez : « serpent sur le rebord, bateau au niveau de l'anse, cœur brisé au fond ». Si vous avez divisé la tasse en trois zones, inscrivez-les également. « Serpent sur le rebord, présent ; bateau au niveau de l'anse, futur proche ; cœur brisé au fond, futur éloigné ». etc.
Une fois que vous avez tout noté et que vous ne voyez rien de plus dans la tasse, c'est le moment de raconter l'histoire ! L'un des aspects les plus magiques de la lecture dans les feuilles de thé est qu'elle permet de parler du futur.
Relisez vos notes, les symboles et leur disposition et commencez à les décoder. Vous pouvez vous reporter au Dictionnaire des symboles pour vous aider, mais n'écartez pas vos propres associations d'idées. Par exemple, un bateau au fond d'une tasse signifie traditionnellement que quelqu'un voyage pour venir vous voir. Mais si vous possédez un bateau ou vivez près d'un endroit où naviguent des bateaux, ce symbole peut avoir une signification totalement différente. Ne l'oubliez pas !
Quand vous aurez tout décodé, essayez de comprendre ce que cela raconte. Voici une démonstration avec les exemples ci-dessus :

Serpent (inquiétude et anxiété) sur le rebord, bateau (ami qui vient nous rendre visite) sur les parois, cœur brisé (chagrin d'amour) au fond.

Cette histoire peut être interprétée différemment :

- Si vous avez divisé la tasse en zones temporelles, vous pourriez être très inquiète au sujet d'un ami qui va venir vous rendre visite dans les jours qui viennent. Cette visite pourrait mal se passer. Vous pourriez vous disputer dans les mois qui suivent, ce qui mettrait un terme à votre amitié. Ou alors, vous vous êtes disputée avec un ami, ce qui vous a inquiétée et énervée, et cet ami vient vous visiter.
- Si vous avez divisé la tasse en fonction d'un lien, cela peut signifier que vous êtes très angoissée dans vos relations en général, et que quelqu'un (un soi-disant ami ou une personne à qui il ne faut pas faire confiance) vous met à l'écart. Vous avez peut-être besoin de mettre un peu de distance avec votre partenaire pour éviter d'avoir le cœur brisé.
- Si vous avez divisé la tasse en fonction de l'intensité d'un événement, vous pourriez être angoissée à propos d'un changement majeur dans votre vie, qui vous stresse. Peut-être allez-vous déménager de l'autre côté de l'océan dans quelques mois ? Toutefois, inutile de vous inquiéter : tout va bien se terminer et vous allez vous remettre de votre chagrin d'amour.

Les lectures sont très personnelles, donc les possibilités sont sans fin. Faites confiance à votre intuition et, une fois encore, ne réfléchissez pas trop !

Pour une touche de magie

- Plus vos capacités d'interprétation se développeront, plus il est essentiel de tenir un journal de tasséomancie et d'y noter toutes vos lectures. Vous pouvez utiliser un carnet classique ou un bullet journal, ou même prendre des notes sur votre ordinateur ou votre téléphone. Prenez une photo de la tasse, notez votre question, ce que vous avez vu et votre prédiction, puis vous indiquez ce qui s'est véritablement produit. Cela vous permettra de voir si votre interprétation était juste (ou pas du tout !), et de garder une trace de vos progrès.

LES MOTS MAGIQUES

Le meilleur conseil que je puisse donner aux débutantes est le suivant :

Vous n'avez pas besoin d'être parfaite !

C'est un conseil adapté à la sorcellerie, et à la vie en général. En tant que Vierge de type A, je comprends parfaitement le besoin de perfection et la volonté d'exceller dans quelque chose, même lorsque l'on débute. Quand j'ai commencé la divination, j'ai éprouvé de nombreuses difficultés, car j'avais peur de me tromper ou de ne pas être « bonne ». Mais vous n'avez pas besoin d'être parfaite ! Vous n'avez pas besoin d'être bonne, que ce soit votre premier ou votre centième essai. Seul importe de toujours écouter votre intuition et de continuer à pratiquer. Ce n'est pas en étant trop exigeante envers vous-même que vous serez meilleure dans vos interprétations, ni même une meilleure sorcière ou une meilleure personne. Au contraire, cela ne fera que vous rendre plus stressée, anxieuse et malheureuse. Continuez à essayer, en gardant votre ouverture d'esprit, et parce que vous y prenez du plaisir. Souvenez-vous que c'est par la pratique que la magie arrive !

5

RITUELS POUR LA DIVINATION PAR LES FEUILLES DE THÉ

Maintenant que vous connaissez les bases de la lecture dans les feuilles de thé, vous allez pouvoir vous y adonner en vous amusant. Voici quelques rituels qui pourront vous être utiles, en fonction des situations que vous rencontrerez.

LES PRÉVISIONS QUOTIDIENNES

Cette séance rapide et simple est idéale à faire le matin pour bien démarrer la journée, savoir ce qu'elle vous réserve et vous y préparer au mieux. Il suffit d'avoir au moins 30 minutes devant vous. Prenez votre temps sinon vous risquez de renverser votre tasse !

tasse
sous-tasse ou petite assiette
thé *(voir les conseils de mélanges de thé dans la section « Pour une touche de magie » page 116)*
votre téléphone
votre petit-déjeuner *(le repas le plus important de la journée)*

Le rituel

Étape 1 : pendant que l'eau chauffe, prenez votre tasse dans votre main dominante et regardez à l'intérieur. Visualisez une horloge où le 12 se trouve au niveau de l'anse. Si c'est trop difficile, aidez-vous du dessin ci-contre :

Cette horloge représente les heures de votre journée. Vous pouvez aussi les faire correspondre à votre emploi du temps. Par exemple, si vous commencez votre journée à 9 heures, placez le 9 au niveau de l'anse.

Étape 2 : préparez votre thé en vrac, comme d'habitude. Versez l'eau chaude.

Étape 3 : pendant que le thé infuse, posez votre téléphone à côté de la tasse. Cela chargera le thé et le connectera à votre journée, surtout si votre application calendrier, to-do list ou e-mails est ouverte.

Étape 4 : préparez votre petit-déjeuner.

Étape 5 : quand le thé est prêt, observez la tasse et visualisez la journée idéale (imaginez-vous en train d'accomplir les différentes tâches que vous devez mener à bien, pensez à la meilleure manière dont les événements pourraient se dérouler, etc.). C'est le bon moment pour réaliser un sortilège, si vous le souhaitez (voir les sortilèges suggérés dans la section « Pour une touche de magie » page 116).

Étape 6 : buvez votre thé à petites gorgées tout en prenant votre petit-déjeuner et préparez-vous comme vous le faites habituellement (consultez vos e-mails, révisez, écoutez les infos, terminez de vous habiller, parcourez les réseaux sociaux, etc.).

Étape 7 : quand il ne reste plus qu'une gorgée de thé au fond de la tasse, retournez-la sur la sous-tasse et attendez une minute. Retournez la tasse pour faire votre lecture.

Étape 8 : faites votre interprétation en prenant des notes. Les feuilles qui se trouvent près du rebord de la tasse correspondent à des choses qui se produiront dans la matinée et celles qui se trouvent près de fond de la tasse à des événements qui se passeront dans l'après-midi.

Exemple : si vous distinguez un chien en haut de la tasse au niveau du 9 et une ancre au fond de la tasse au niveau du 3, l'événement en rapport avec le chien se passera à 9 h et celui avec l'ancre à 15 h. (Pour connaître la signification du chien et de l'ancre, consultez le Dictionnaire des symboles à la fin du livre.)

Astuce : si vous prenez les transports en commun, prenez une photo de votre tasse et décodez le message pendant votre trajet.

Étape 9 : quand vous avez terminé votre interprétation, débarrassez la table et poursuivez votre journée. Si vous avez vu des choses importantes, notez-les sur votre calendrier (par ex. « de légers retards sont prévus vers 10 h »). Cela vous permettra de vous en souvenir. Relisez vos notes en fin de journée pour voir si vous aviez vu juste.

Pour une touche de magie

- Vous pouvez utiliser n'importe quel type de thé pour ce rituel, par exemple le « thé pour un bon moment » (page 71), le « mélange de Midas » (page 72) ou « anti-anxié-thé » (page 69).
- Pratiquez le « sortilège pour les bonnes ondes » (page 162) pour vous assurer de passer une bonne journée.
- Une fois par semaine, relisez vos notes pour vérifier combien de vos prévisions quotidiennes se sont réalisées. Cela vous aidera à affiner votre interprétation des symboles et à apprendre à écouter votre intuition.

CE N'EST QU'UNE PHASE : LECTURE EN FONCTION DU CALENDRIER LUNAIRE

La Lune a toujours joué un rôle essentiel dans nos vies sur Terre. Elle contrôle les marées, influe sur le comportement de certains animaux et sur les saisons. Pendant des siècles, les femmes se reportaient au calendrier lunaire pour suivre leur cycle menstruel, qui a la même durée que le cycle lunaire (29,5 jours). Les astrologues observent

la Lune et le signe dans lequel elle se trouve pour faire leurs prédictions.
Les sorcières aussi se sont, depuis toujours, intéressées à la Lune. Les adeptes du paganisme et de la wicca vénèrent les déités de la Lune et le pouvoir de la Lune dans leurs sortilèges et rituels. Chaque phase de la Lune, de l'obscurité de la nouvelle lune au tout dernier croissant de la lune descendante, possède une puissance et une signification propres. Voici une présentation rapide de chaque phase du cycle de la Lune :

Nouvelle lune : nouveaux départs, placement d'intentions, nouveaux projets, semer des graines pour les voir pousser.

Premier croissant : fondations, ancrage, premiers pas pour atteindre des objectifs. Période idéale pour la manifestation.

Premier quartier : connexion, réseautage, partage avec les autres. Période pour les défis et changements.

Lune gibbeuse croissante : préparation, abondance imminente, prise de vitesse, définition de plans réalistes pour l'avenir.

Pleine lune : recherche de paix, manifestation, évacuation de la négativité. C'est la période où la puissance et l'énergie sont au maximum.

Lune gibbeuse décroissante : réflexion et éveil sur tous les plans. Opportunités d'analyse et période idéale pour exprimer sa gratitude.

Troisième quartier : libération et lâcher-prise sur les choses dont nous n'avons plus besoin.

Dernier croissant : émotions, soin de soi et sensations. Besoin de se reposer et de se ressourcer.
Vous pouvez également vous baser sur les phases de la Lune pour vos prédictions, d'autant plus si vous utilisez aussi l'astrologie. Associez la magie de la Lune et la tasséomancie pour voir ce que le prochain cycle lunaire vous réserve !

tasse et sous-tasse
calendrier *(de préférence calendrier lunaire, papier ou sur une application, ou un calendrier classique)*
stylo et papier

Le rituel

L'idéal est d'effectuer cette lecture la veille de la nouvelle lune afin de visualiser le cycle dans sa totalité, et de préférence le soir.

Étape 1 : notez le cycle lunaire sur votre calendrier s'il n'y apparaît pas. Notez également les signes astrologiques traversés par la Lune durant cette période. Par exemple, nouvelle lune en Bélier, pleine lune en Scorpion, etc. Vous trouverez facilement ces informations sur un calendrier lunaire ou sur Internet. Elles peuvent être importantes pour l'interprétation, surtout si vous vous intéressez à l'astrologie.

Étape 2 : divisez la tasse en huit parties, pour toutes les phases de la Lune, en plaçant la pleine lune au niveau de l'anse. Par exemple :

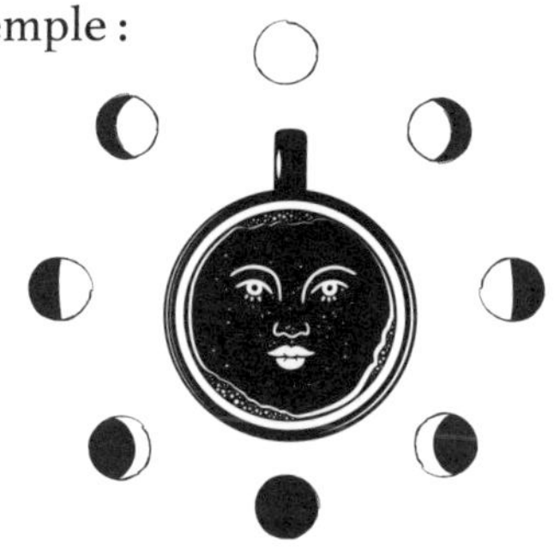

Étape 3 : versez le thé et l'eau chaude dans la tasse.

Étape 4 : pendant que le thé infuse, regardez dans votre tasse et réfléchissez au mois à venir. Qu'avez-vous de prévu ? Qu'aimeriez-vous qu'il se passe ? Visualisez cela tout en mélangeant le thé trois fois dans le sens horaire.

Étape 5 : buvez votre thé. Quand il ne reste plus qu'une gorgée de thé au fond de la tasse, retournez-la sur la soustasse et attendez une minute. Retournez la tasse pour faire votre lecture.

Étape 6 : faites votre interprétation en prenant des notes.

Exemple : vous distinguez un gland dans la partie supérieure de la tasse au niveau de la nouvelle lune. Cela peut signifier que vous allez démarrer un nouveau projet ou une nouvelle étape dans une relation. La prochaine nouvelle lune sera en Bélier, ce nouveau départ pourrait donc se produire très vite ! Par ailleurs, si vous apercevez un phare près du fond de la tasse au niveau du troisième quartier, vous pourriez devoir vous détacher d'amis qui ne vous viennent pas en aide.

Étape 7 : continuez à suivre l'évolution du cycle de la Lune et à relire vos prédictions pour voir si elles se sont réalisées.

Pour une touche de magie

- Pour intensifier la magie lunaire, faites infuser votre thé dans de l'eau chargée de l'énergie de la Lune (voir page 66 pour savoir comment préparer de l'eau de lune).
- Utilisez du thé oolong, associé à la Lune, pour accomplir ce rituel. Mettez des alertes sur votre téléphone en fonction de vos prédictions pour vous rappeler les événements qui pourraient se produire, si jamais vous oubliez vos prédictions.

L'ANNÉE À VENIR

Nous avons vu comment faire des séances de divination par les feuilles de thé pour prévoir la journée où le mois à venir. Il est aussi possible de faire une prédiction pour l'année à venir. Vous pouvez effectuer ce rituel à n'importe quel moment de l'année, l'idéal étant de le faire au début d'une nouvelle année, par exemple, au début de l'année calendaire (janvier), au Nouvel An chinois (février), au début de l'année astrologique (le 20 avril) ou même à votre anniversaire. Quelle que soit la date choisie, veillez à n'accomplir ce rituel qu'une seule fois par an. En effet, faire une interprétation annuelle plusieurs fois par an peut être vraiment troublant et votre tasse pourrait bien en être aussi frustrée que vous.

tasse et sous-tasse
thé
votre grimoire
calendrier *(facultatif)*

Le rituel

Étape 1 : préparez votre tasse et votre sous-tasse, le thé, votre grimoire et le calendrier et installez-vous dans un endroit calme, où vous ne serez pas distraite.

Étape 2 : divisez mentalement la tasse en douze sections, une pour chaque mois, le mois en cours se trouvant au niveau de l'anse de la tasse, comme ci-dessous :

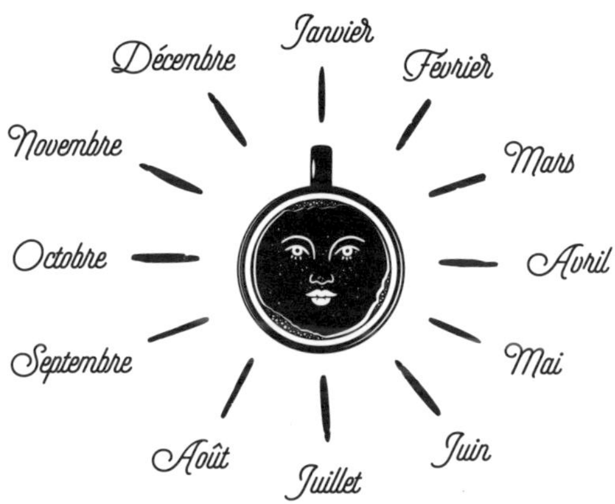

Étape 3 : faites infuser le thé et buvez-le à petites gorgées. Pendant ce temps, visualisez l'année à venir et pensez à ce que vous aimeriez qu'il se passe. Vous pouvez aussi personnaliser cette séance en posant une question précise (par exemple, « que va-t-il se passer dans ma carrière ? », « à quoi va ressembler ma vie amoureuse ? » ou « vais-je être en bonne santé cette année ? »).

Étape 4 : quand il ne reste plus qu'une gorgée de thé, tenez la tasse dans votre main gauche et faites tourner le liquide trois fois dans le sens horaire. Retournez doucement la tasse dans la sous-tasse. Laissez-la égoutter une minute environ. Pendant ce temps, repensez une dernière fois à votre question.

Étape 5 : retournez la tasse et commencez votre interprétation. Pour vous accompagner dans votre lecture, matérialisez douze cases dans votre grimoire, une pour chaque mois, et notez-y tout ce que vous voyez dans la section correspondante dans la tasse. Par exemple, si vous distinguez un oiseau, un cœur et un arbre dans la section correspondant au mois d'avril, notez-le dans la case correspondante. Soyez attentive aux chiffres et aux nombres que vous pourriez observer. Si vous remarquez un cinq dans la section du mois de juin, notez-le, ce sera certainement un jour important. Vous pouvez aussi mettre une alerte dans votre application calendrier pour ne pas l'oublier.

Étape 6 : conservez vos notes pour pouvoir les relire, par exemple à la fin de chaque mois, et vérifier ce qui s'est réalisé.

Pour une touche de magie

- Faites une lecture en fonction du calendrier lunaire (page 116) et comparez votre interprétation à celle du mois correspondant dans votre interprétation annuelle. Quels sont les points communs ? Les différences ? Cela vous donnera un aperçu encore plus précis du mois à venir.
- Si vous éprouvez des difficultés à interpréter les symboles pour un mois particulier, ou si avez envie d'un peu plus de clarté, tirez une carte de tarot.
- Pour ce rituel, utilisez le « thé pour ouvrir le troisième œil » (page 74), car vous aurez besoin d'une intuition solide pour voir aussi loin dans l'avenir.

LES SAISONS CHANGENT ET MOI AUSSI : RITUEL POUR COMPRENDRE CE QUE ME RÉSERVE CHAQUE SAISON

La magie des herbes est intrinsèquement liée au changement de saisons, car les herbes, à l'instar du thé, poussent et sont récoltées à des saisons précises. Certaines herbes sont donc reliées à une saison particulière. Quand vous préparez des potions et effectuez des sortilèges pour prédire l'avenir, il est important de prêter attention aux saisons. Ce rituel vous aidera à savoir ce qui risque de se produire au cours des quatre prochaines saisons : hiver, printemps, été et automne. Il est parfait pour avoir un aperçu de qui vous attend et idéal pour les débutantes, qui se sentent parfois dépassées par le rituel « l'année à venir ».

tasse et sous-tasse
thé
stylo et papier

Le rituel

Étape 1 : pendant que l'eau chauffe, prenez votre tasse dans votre main dominante et regardez à l'intérieur. Divisez mentalement la tasse en quatre parties (ou dessinez-les sur une feuille si vous trouvez difficile de les visualiser), chacune représentant une saison, comme ci-contre :

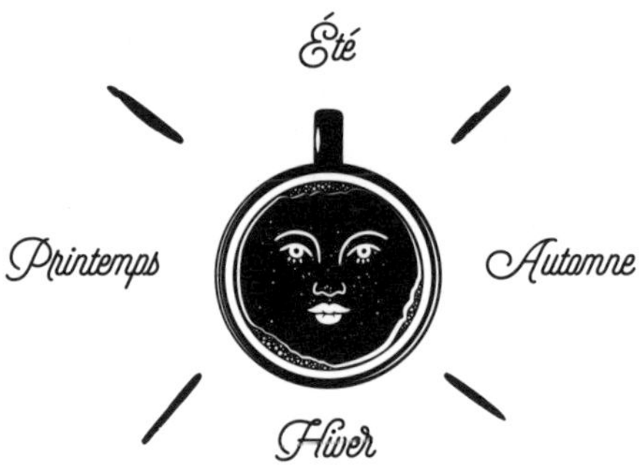

Placez la saison en cours au niveau de l'anse. Par exemple, si l'on est en juin, placez l'été au niveau de l'anse, puis les autres saisons dans le sens des aiguilles d'une montre.

Étape 2 : versez le thé et l'eau chaude dans la tasse. Buvez votre thé.

Étape 3 : quand il ne reste qu'une petite gorgée, effectuez le rituel d'interprétation habituel.

Étape 4 : faites votre interprétation et notez ce que vous observez dans chaque partie. Prenez votre temps. Vous pouvez même prendre une photo de la tasse si vous souhaitez pouvoir la regarder à nouveau plus tard.

Étape 5 : parcourez vos notes et essayez de les interpréter. Par exemple, si vous voyez une épée dans la section été, un pont pour l'automne et un papillon pour l'hiver, cela peut signifier que vous allez gagner en autorité au cours de l'été (par ex. obtenir une promotion), connaître d'autres réussites professionnelles à l'automne et vivre une période de renouveau durant l'hiver.

Étape 6 : conservez vos notes afin de pouvoir les relire plus tard, peut-être au début de chaque saison. Soyez également attentive à la quantité de thé qui se trouve dans la tasse. S'il y a beaucoup de feuilles au niveau de la section du printemps, cela peut indiquer qu'il sera mouvementé. À l'inverse, s'il n'y a rien dans la section de l'hiver, celui-ci promet certainement d'être calme.

Pour une touche de magie

- Choisissez le thé utilisé en fonction de la saison pendant laquelle vous effectuez la lecture. Préparez « LA boisson de sorcières par excellence » (page 82) en automne, un thé à la menthe poivrée en hiver, des thés parfumés avec des pétales de fleurs au printemps et le « Thé pour un bon moment » (page 71) pour l'été.

- Si vous souhaitez faire des prédictions plus précises pour une saison, faites une seconde lecture en divisant la tasse en trois parties, représentant chacune l'un des mois de la saison.

QUI SERA MON PROCHAIN AMOUR ?

Découvrir qui sera son prochain amour au fond d'une tasse de thé, c'est possible ? La tasséomancie est habituellement employée pour savoir quel événement va se produire et quand, mais elle peut aussi aider à prévoir nos relations à venir. Avec ce rituel, les feuilles de thé vous permettront de tout savoir de votre prochain amour. Je parle d'amour, mais ce rituel peut aussi vous permettre d'obtenir des informations sur d'autres relations : âme sœur, flamme jumelle, époux·se, meilleur·e ami·e, partenaire professionnel·le, et même vos futurs enfants. Cette séance vise à découvrir les traits de personnalité et des informations essentielles sur une personne importante qui va entrer dans votre vie.

tasse et sous-tasse
thé « Philtre d'amour n° 9 » *(page 76)*
stylo et papier
quartz rose

Le rituel

Étape 1 : avant de commencer, notez sur une feuille les informations que vous aimeriez obtenir lors de cette séance. Par exemple, découvrir les initiales de votre prochain·e amoureux·se, son âge ou sa date de naissance, son métier, ses traits de caractère. Essayez de ne pas chercher des informations trop précises : vous n'allez pas découvrir son nom de famille, son numéro de sécurité sociale ni son groupe sanguin… Enfin, je serais très impressionnée si c'était le cas ! Cette liste est juste là pour vous aider à savoir quoi chercher quand vous ferez votre interprétation.

Étape 2 : préparez votre thé « Philtre d'amour n° 9 » page 76 (ou un autre thé oolong)

Étape 3 : buvez votre thé tout en visualisant votre amant·e idéal·e et en brandissant un morceau de quartz rose dans une main. Qu'attendez-vous de votre prochaine relation ? Que recherchez-vous ?

Étape 4 : quand il ne reste plus qu'une petite gorgée de thé, tenez la tasse dans votre main gauche et faites tourner le liquide trois fois dans le sens horaire. Retournez doucement la tasse dans la sous-tasse. Laissez-la égoutter une minute environ.

Étape 5 : avant de la retourner, dites trois fois (à voix haute ou dans votre tête) « révèle-moi mon amour » tout en tapant la tasse trois fois avec l'annulaire.

Étape 6 : retournez la tasse et observez-la. Prenez des notes et soyez attentive à ces points particuliers :

Lettres ou chiffres. (Les lettres peuvent correspondre aux initiales de votre partenaire et les chiffres à son âge, à sa date de naissance ou même à la date de votre rencontre.)

Localisation des feuilles. (l'abondance de feuilles près du rebord de la tasse peut indiquer que vous allez vite rencontrer votre prochain amour, mais qu'il s'agira d'une relation superficielle. S'il y a beaucoup de feuilles au fond de la tasse, vous n'allez pas rencontrer votre prochain amour avant longtemps, mais ce sera une relation très intense. Si les feuilles sont concentrées près de l'anse, vous serez très proche de votre amour et, iel aura une place prépondérante dans votre vie.)

Pensez à bien noter tout ce que vous voyez et à prendre des photos pour pouvoir les regarder à nouveau plus tard (en particulier quand vous rencontrerez votre amour !).

Étape 7 : faites preuve de souplesse dans votre interprétation et notez toutes les différentes possibilités. Par exemple, si vous voyez un A dans la tasse, les chiffres 2 et 6 côte à côte, une bague, un bateau et une pièce, cela peut être interprété de manières différentes :

Vous allez rencontrer quelqu'un dont le prénom commence par un A, qui a 26 ans et qui voyage dans un autre pays. C'est avec cette personne que vous vous marierez.

Vous allez rencontrer quelqu'un le 6 février, lors d'un voyage d'affaires à l'étranger. Vous penserez que c'est quelqu'un de bien jusqu'à ce que vous appreniez qu'iel est marié·e et a une aventure avec vous. (Scandale !)

Le nom de famille de votre futur·e époux·se commence par un A, iel travaille sur un bateau. Vous vous marierez un 26. Amusez-vous à faire vos prédictions et écoutez votre intuition. Si une interprétation retient votre attention, suivez-la. Notez tout dans votre grimoire pour pouvoir y revenir plus tard.

Pour une touche de magie

- Si vous souhaitez connaître le thème astral de votre prochain amour, faites une « lecture en fonction de la roue du zodiaque » (page 194). Si vous désirez savoir quand vous allez le/la rencontrer, faites la séance « prédire l'année à venir » (page 195) ou le rituel « les saisons changent et moi aussi » (page 123), en posant cette question.
- Le vendredi est le jour idéal pour accomplir ce rituel, car c'est le jour de Vénus et donc le plus adapté à la magie de l'amour.
- Si vous vous intéressez à la magie des couleurs, utilisez une tasse de couleur rouge ou rose (mais blanche à l'intérieur), deux couleurs associées à l'amour.
- Si vous souhaitez accélérer la rencontre avec votre prochain amour, faites le sortilège « viens à moi » (page 157) avec une autre tasse du « Philtre d'amour n° 9 » (vous pouvez utiliser un infuseur cette fois), en gardant vos prévisions près de vous.
- Pour intensifier encore plus les choses, dessinez un sigil d'amour sous votre tasse (rendez-vous page 155 pour en savoir plus sur la magie des sigils).

Remarque sur le consentement

Comme je l'ai déjà évoqué page 76, pour le « Philtre d'amour n° 9 », le consentement est indispensable pour tout ce qui touche à la magie. Jeter un sort à une personne pour qu'elle tombe amoureuse est donc absolument interdit. Ne vous servez pas des informations obtenues lors de votre séance comme d'une excuse pour jeter un sort à quelqu'un pour qu'iel tombe amoureux·se de vous. Si, par exemple, lors d'une lecture dans les feuilles de thé, vous voyez que votre prochain amour s'appellera Reese alors que vous avez déjà un faible pour une personne nommée Reese. Vous vous réjouissez puis vous vous rappelez que Reese vient juste d'entamer une relation avec quelqu'un d'autre. Cela ne vous autorise aucunement à lui jeter un sort ou à vous mettre en travers de sa nouvelle relation car « vous êtes fait·e·s l'un·e pour l'autre ». Souvenez-vous que tout ce qui doit vous arriver arrivera un jour.

LA DISTANCE ENTRE NOUS

Certaines relations ne se terminent pas comme prévu. Peut-être que votre amoureux.se cherche la bagarre avec vous presque tous les jours depuis quelque temps, que vous n'avez pas parlé à une amie depuis des lustres et ne savez pas comment vous rabibocher ou qu'une rivalité fraternelle a complètement dérapé. Quelle que soit la situation, si vous éprouvez des difficultés dans une relation et avez besoin de voir les choses sous un angle nouveau, essayez de regarder au fond de votre tasse !

tasse et sous-tasse
thé
votre grimoire
de quoi écouter de la musique

Le rituel

Étape 1 : préparez une playlist qui vous fait penser à la personne dont vous vous sentez éloignée. Mettez-y des chansons qui vous rappellent de bons moments passés ensemble, qui ont une signification particulière dans votre relation, qui vous font penser à votre dispute ou représentent la distance entre vous actuellement. La musique est une forme de magie, qui relie les personnes à des émotions, des sentiments, des lieux et des moments. Elle peut nous aider à nous connecter à des sentiments particuliers quand nous peinons à trouver les mots pour les exprimer.

Étape 2 : rassemblez les autres éléments nécessaires, si ce n'est pas déjà fait, et préparez votre thé.

Étape 3 : mettez la playlist en route et buvez votre thé à petites gorgées. Pendant ce temps, pensez à la personne avec laquelle votre relation est tendue. Si possible, rejouez dans votre tête votre dernière conversation. Qu'avez-vous ressenti ? Si vous le souhaitez, écrivez-le. Continuez à penser à cette personne en buvant votre thé. Repensez aussi aux bons moments passés ensemble.

Étape 4 : quand il ne reste plus qu'une petite gorgée de thé, tenez la tasse dans votre main gauche et faites tourner le liquide trois fois dans le sens horaire. Retournez doucement la tasse dans la sous-tasse. Laissez-la égoutter une minute environ.

Étape 5 : retournez la tasse et regardez à l'intérieur. Soyez attentive à ces quatre zones :

Le rebord : il représente la dispute et l'intensité de la distance entre vous. S'il y a beaucoup de feuilles à ce niveau de la tasse, cela indique que la dispute n'est pas si grave, qu'il s'agit davantage d'un désaccord « à chaud ». S'il n'y a pas beaucoup de feuilles en haut de la tasse, le problème est plus profond et ne sera pas facile à régler. Les symboles que vous observez à cet endroit vous en disent plus sur la dispute ou expliquent la distance actuelle entre vous et la personne.

Le milieu/les parois : les feuilles qui se trouvent à ce niveau représentent l'écart entre vous, au-delà des apparences. Il s'agit d'éléments invisibles dans la relation, de choses dont nous n'avez peut-être pas conscience.

Le fond : cette zone représente ce que vous pourriez faire pour sauver la relation et ce que vous pouvez espérer. S'il n'y a rien au fond de la tasse et que la majorité des feuilles sont près du rebord, vous allez bientôt vous retrouver. S'il n'y a rien au fond de la tasse et que la majorité des feuilles se trouvent sur les parois, la relation pourrait ne pas se renouer.

L'anse : l'anse représente votre rôle dans la dispute et vos sentiments. La zone qui se trouve en face de l'anse représente le rôle et les sentiments de l'autre personne dans la dispute.

Étape 6 : notez toutes vos observations et prévisions dans votre grimoire.

Étape 7 : servez-vous de ce que vous avez appris pour aller de l'avant.

Pour une touche de magie

- Si vous souhaitez un coup de pouce pour réparer la relation, effectuez le sortilège « édulcorer ses paroles » (page 165) et « se sortir des situations difficiles » (page 172). Si vous désirez passer à autre chose, essayez le sortilège « lâcher prise et grandir » (page 179).
- Et si les sortilèges ne sont pas votre truc, utilisez la musique ! Créez une playlist de chansons joyeuses et de réconciliation/retrouvailles. Chantez-les à haute voix, sans vous soucier de chanter juste. Et dansez ! En chantant et en dansant, vous libérez de l'énergie et exprimez vos désirs, ce qui crée de la magie. Si vous souhaitez tourner la page de cette relation, faites de même avec une playlist de chansons de rupture/nouveau départ.
- Si la personne avec laquelle vous vous êtes disputée a un thé préféré, utilisez-le pour la représenter.

AI-JE BESOIN DE M'INQUIÉTER ? RITUEL POUR SAVOIR QUAND VOUS DEVEZ PANIQUER

Un vieux dicton dit qu'il faut toujours s'attendre à l'imprévu. Cependant, quand on vit dans un monde où on a le sentiment que *n'importe quoi* peut se produire à tout instant, on peut avoir l'impression qu'il faut s'inquiéter de *tout*, tout le temps, ce qui est très stressant. Voici un rituel pour toutes les sorcières parmi vous qui réfléchissent trop, sont stressées et ont besoin de savoir pourquoi elles doivent s'inquiéter. Accomplissez-le dès que vous vous sentez dépassée ou nerveuse ou quand vous ressentez le besoin de savoir ce qui pourrait mal se passer. Je vous comprends, je suis comme vous.

tasse et sous-tasse
thé
grimoire
une feuille sur laquelle écrire
bougie *(facultatif)*

Le rituel

Étape 1 : prenez votre tasse et votre sous-tasse et préparez le thé.

Étape 2 : pendant que vous le buvez, dressez la liste de tout ce qui vous trouble. Inscrivez sur une feuille aussi bien vos inquiétudes majeures (problèmes d'argent ou relationnels) que de petits détails tels que « X m'a dit "salut" sur un ton différent, je pense qu'elle me déteste » ou « le garçon sur lequel j'ai craqué n'a pas liké mon selfie, qu'est-ce que ça veut dire ? ». Ne jugez pas ces pensées. Ne vous dites pas qu'elles sont stupides ou que d'autres ont des soucis plus graves. Notez-les.

Étape 3 : quand il ne reste plus qu'une petite gorgée de thé, tenez la tasse dans votre main gauche et faites tourner le liquide trois fois dans le sens horaire. Retournez doucement la tasse dans la sous-tasse. Laissez-la égoutter une minute environ.

Étape 4 : retournez la tasse et regardez à l'intérieur. Observez avec attention les quatre zones suivantes :

Le rebord : il correspond aux choses qui doivent vous inquiéter. Ce que vous voyez sur le rebord correspond à des problèmes graves que vous devez traiter ou auxquels vous devez vous préparer. Cela peut aussi représenter des changements importants qui vont survenir dans votre vie. Oui, vous devriez vous inquiéter pour tout cela.

Le milieu/les parois : les feuilles déposées à ce niveau représentent des événements mineurs, qui pourraient se transformer en problèmes graves, mais n'en sont pas pour le moment. Cela ne signifie pas que vous devez ignorer ce que vous voyez, mais quevous devriez être attentive à l'avenir, pour voir si vous pouvez faire en sorte que ces événements ne se réalisent pas.

Le fond : les feuilles et symboles au fond de la tasse représentent des choses pour lesquelles il est inutile de vous inquiéter. Ce sont des non-problèmes. Ainsi, si vous étiez inquiète au sujet de votre travail, de votre santé ou d'une relation et que vous les voyez au fond de la tasse, vous n'avez rien à craindre. S'il y a beaucoup de feuilles au fond de votre tasse, vous pouvez pousser un soupir de soulagement !

Étape 5 : notez vos observations et vos interprétations dans votre grimoire.

Étape 6 : allumez la bougie.

Étape 7 : prenez la feuille sur laquelle vous avez inscrit tous vos soucis et brûlez-la, en prenant toutes les précautions possibles. Pendant que vous regardez la feuille brûler, visualisez toutes vos craintes qui s'évaporent et disparaissent de votre vie. Vous pouvez aussi détruire la feuille en la déchirant en mille morceaux et en la jetant, ou en la passant dans une broyeuse à papier.

Pour une touche de magie

- Pour apaiser davantage votre anxiété ou pour vous calmer, utilisez le « thé anti-anxié-thé » (page 69) ou le « thé pour repousser les idées noires » (page 79).
- Si vous vous sentez toujours stressée après avoir fait cette lecture (notamment si vous avez appris de mauvaises nouvelles), effectuez le sortilège « Tout va bien se passer » (page 157).

- Si vous avez la sensation d'avoir besoin d'une protection supplémentaire, placez du thym, de la lavande ou une améthyste près des fenêtres et des portes de votre domicile.

OÙ VAIS-JE ? RITUEL POUR TROUVER DU SENS

À mesure que l'on avance dans la vie, il peut nous arriver de nous perdre en chemin. Notre boussole interne se dérègle, nous nous sentons désemparées et incapables de décider quelle direction prendre. Cela peut être une période effrayante et éprouvante. Elle survient souvent après un changement important : obtention de diplôme, perte d'un emploi, rupture amoureuse, accident. On peut aussi ressentir cela après avoir été dans une impasse pendant trop longtemps. Si vous vous sentez perdue, faites appel à votre boussole spirituelle, qui prend la forme d'une tasse de thé. Pratiquez ce rituel pour découvrir dans quelle direction va votre vie et comprendre ce que vous devez faire. Cette séance est idéale pour les débutantes car l'interprétation se fait principalement en observant le sens dans lequel se trouvent les feuilles. Évidemment, vous pouvez aussi observer et interpréter les symboles que vous voyez, mais ce n'est pas le principal.

tasse et sous-tasse
thé
grimoire
cuillère

Le rituel

Étape 1 : prenez votre tasse dans votre main dominante et regardez-la. Mentalement et visuellement, divisez la tasse en quatre parties : nord, sud, est et ouest. Placez le nord au niveau de l'anse et les autres directions comme sur le schéma page suivante :

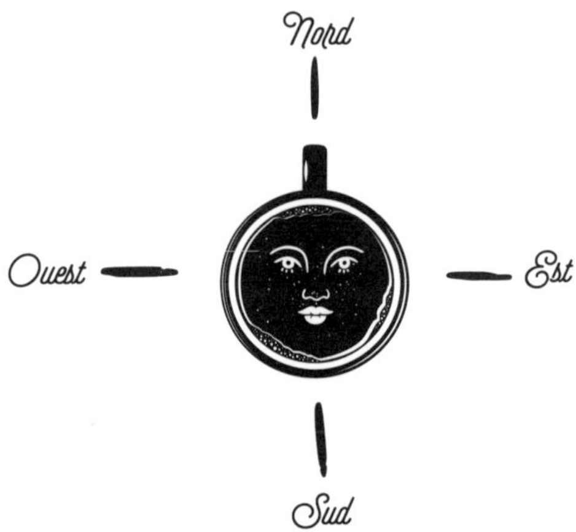

Étape 2 : préparez votre thé. Remuez-le trois fois dans le sens horaire, en commençant au niveau du nord. Si vous vous posez une question précise, exprimez-la maintenant (« quelle direction prend ma carrière ? », « où va ma vie amoureuse ? »).

Étape 3 : buvez votre thé tout en vous visualisant en train de marcher sur un chemin bien dégagé, facile à suivre. À mesure que vous avancez (et que vous buvez), il devient plus sinueux et difficile à voir. Quand vous avez terminé votre thé, imaginez que le chemin disparait et que vous vous tenez debout devant une boussole. Quelle direction indique-t-elle ?

Étape 4 : quand il ne reste plus qu'une petite gorgée de thé, tenez la tasse dans votre main gauche et faites tourner le liquide trois fois dans le sens horaire. Retournez doucement la tasse dans la sous-tasse. Laissez-la égoutter une minute environ.

Étape 5 : retournez la tasse et regardez à l'intérieur, en plaçant l'anse de la tasse à l'opposé de vous. Regardez où se situe la majorité des feuilles.

Si les feuilles sont principalement déposées dans la section correspondant au nord (l'anse) : en sorcellerie, le nord représente le corps physique (raison pour laquelle il se situe au niveau de l'anse). Il évoque aussi les problèmes de santé réels ou potentiels et la guérison du corps. C'est une des directions les plus puissantes, car bien que gouvernée par l'élément Terre, elle touche aussi au plan spirituel et au développement de l'intuition. Nous quittons le royaume physique pour le royaume spirituel.

Si les feuilles pointent vers le nord, vous êtes actuellement en train de guérir, que vous ayez souffert de problèmes de santé ou que votre corps soit en train de subir un changement. Vous êtes sur la voie de la guérison. Faites confiance à votre intuition, suivez-la. Demandez-lui de vous guider.

Si les feuilles sont principalement déposées dans la section correspondant à l'est : l'est représente les nouveaux départs et les périodes de changements majeurs. Il correspond aux questions qui touchent à la carrière, à la force, à la clarté d'esprit et aux nouvelles opportunités commerciales. Associé à l'élément Air, l'est gouverne notre sécurité et notre avenir financiers. Associé à l'esprit, il nous donne plus d'énergie, peut soigner l'esprit et transmettre des informations.

Si les feuilles sont pointées vers l'est, vous êtes en train de vivre un changement important dans votre carrière ou vous êtes confrontée à des problèmes d'argent. Vous pourriez en ce moment être à la recherche d'un emploi ou stressée par des problèmes d'argent. Toutefois, c'est une direction très positive, car les choses sont en train de changer. Un nouveau départ se profile à l'horizon, et votre vie va changer pour le mieux. Concentrez-vous sur de nouveaux objectifs, réfléchissez à votre carrière et prenez soin de votre esprit.

Si les feuilles sont principalement déposées dans la section qui correspond au sud : le sud représente des défis et des écueils auxquels vous avez déjà été confrontés ou qui vous attendent. Mais ne paniquez pas, tout espoir n'est pas perdu ! Le sud, relié à l'élément Feu, est également très créatif, et associé aux relations, à l'amour, aux émotions et aux activités artistiques.

Si les feuilles sont pointées vers le sud, vous pourriez être confrontée à des problèmes relationnels ou émotionnels. Si vous êtes une personne créative, vous pourriez vivre une période de blocage qui va bientôt s'achever. Pour vous remettre de ces difficultés, vous aurez besoin de faire preuve d'une volonté sans faille. Surmontez-les grâce à l'art et à la créativité. Nourrissez-vous de vos émotions pour retrouver votre chemin.

- Si les feuilles sont principalement déposées dans la section qui correspond à l'ouest : l'ouest représente les conclusions et le pardon. Associé à l'eau, il nous aide à lâcher prise et à aller de l'avant. Il représente aussi l'estime de soi, l'amour-propre, le pardon (de soi et des autres), la purification et l'amour inconditionnel. L'ouest correspond à une période très riche en émotions, car les fins sont parfois très tristes. Cependant, il est souvent nécessaire d'aller de l'avant pour renaître.
- Si les feuilles indiquent la direction de l'ouest, vous pouvez vous attendre à voir des choses se terminer : des choses qui ne vont plus depuis un moment ou qui vous font vous sentir mal vont enfin sortir de votre vie. Même si cela vous inspire des sentiments doux-amers, sachez que c'est pour le mieux. Pour savoir où aller, pratiquez le pardon.
- Si les feuilles se trouvent dans deux sections différentes : si les feuilles se sont déposées dans des sens différents, il se peut que vous vous trouviez à une intersection et que vous deviez choisir entre deux directions de vie. Par exemple, vous vous sentez amorphe et vous vous demandez si déménager à l'autre bout du pays et tout recommencer à zéro est une bonne idée. Certaines feuilles sont à l'est et d'autres au sud : l'est représente le

fait de déménager à l'autre bout du pays, où vous rencontreriez de nouvelles opportunités et trouveriez une nouvelle voie professionnelle. Le sud représente le fait de rester là où vous êtes, où vous devriez faire face à des défis, mais trouveriez une manière créative de les surmonter et finiriez par trouver l'amour. Cherchez des indices dans les symboles présents.

Si les feuilles sont éparpillées dans tous les sens : waouh ! Vous êtes VRAIMENT perdue ! Mais ne vous inquiétez pas, tout va bien se passer ! Cela peut signifier que vous êtes tiraillée entre plusieurs directions, entre différents domaines de votre vie. Observez les symboles dans chaque section de la tasse pour en savoir plus.

Étape 6 : notez vos interprétations dans votre grimoire pour pouvoir les relire.

Pour une touche de magie

- Si vous êtes tiraillée entre deux directions, utilisez un tarot ou un pendule pour demander des éclaircissements.
- Pour trouver plus rapidement dans quel sens avancer, accomplissez le sortilège « Viens à moi » (page 157), en demandant à trouver la direction à suivre.
- Intégrez cette direction à vos pratiques magiques. Par exemple, s'il s'agit du nord, préparez le « booster d'immuni-thé » (page 95) et buvez-le, tournée vers le nord. Si c'est l'est, déposez des cristaux favorables à l'évolution de carrière dans la partie de votre chambre orientée vers l'est.

RÉVÉLEZ-VOUS ! RITUEL POUR CONNAÎTRE LA VÉRITÉ

Si nous pratiquons la divination, c'est en partie parce que nous aimons aller au fond des choses, découvrir des vérités qui se cachent loin de la surface, souvent voilées par des tromperies ou par notre compréhension limitée de la situation. En effet, même si nous sommes faites pour suivre notre intuition, il nous arrive d'avoir besoin d'un peu d'aide pour trouver la vérité. Ce rituel vous aidera à découvrir la vérité à propos de certaines questions que vous vous posez. Il peut aussi être pratiqué pour vous aider à révéler des sentiments que vous vous cachez à vous-même. Son objectif est de vous aider à gagner en clarté d'esprit, à développer votre intuition et à aller au fond des choses.

tasse et sous-tasse
thé
grimoire
une feuille
cuillère

Le rituel

Étape 1 : préparez tout le nécessaire et asseyez-vous. Fermez les yeux et prenez le temps de vous ancrer. Concentrez-vous sur l'instant présent. Pour réaliser cette lecture, vous devrez être pleinement connectée à vous-même.

Étape 2 : préparez votre thé.

Étape 3 : pendant qu'il refroidit, écrivez la question qui vous taraude Qu'aimeriez-vous découvrir ? La question peut porter sur tout et n'importe quoi : qu'est-ce que la personne aux ressources humaines a pensé de votre entretien d'embauche ? Ce que vous ressentez pour cet ami de toujours, ce ne serait pas de l'amour, en fait ? Écrivez tous les détails importants en dessous de la question : dates, prénoms, faits, ressentis sur la situation. Qu'est-ce qui s'en dégage ? Notez tout.

Étape 4 : quand le thé est à bonne température, prenez votre cuillère et mélangez-le trois fois en disant à chaque tour « révèle-moi tes secrets. Dis-moi ce que j'ai besoin de savoir pour mon plus grand bien. ».

Étape 5 : buvez votre thé tout en pensant à la situation. Continuez à noter les choses qui vous viennent à l'esprit.

Étape 6 : quand il ne reste plus qu'une petite gorgée de thé, tenez la tasse dans votre main gauche et faites tourner le liquide trois fois dans le sens horaire. Retournez doucement la tasse dans la sous-tasse. Laissez-la égoutter pendant une minute.

Étape 7 : retournez la tasse et regardez à l'intérieur. Notez tout ce que vous observez, chaque symbole qui vous saute aux yeux. Suivez votre intuition et ne réfléchissez pas trop.

Quand vous avez terminé, relisez la question que vous avez posée et voyez quels symboles y répondent. Qu'est-ce que tout cela révèle ?

Pour une touche de magie

- Utilisez le « thé pour ouvrir le troisième œil » (page 74) pour augmenter votre clarté d'esprit lors de l'interprétation.
- Pratiquez cette séance un soir de pleine lune afin de vous servir de sa clarté pour révéler tout ce qui était caché.
- Accomplissez le « sortilège pour se sortir des situations difficiles » (page 172) si vous pratiquez cette séance dans le but de savoir comment vous sortir d'un mauvais pas.
- Remarque : attention, ce n'est pas parce que votre tasse vous a révélé quelque chose que vous devez l'utiliser comme une preuve pour confronter quelqu'un. Si vous avez pratiqué cette lecture pour savoir si votre partenaire vous trompait et que la réponse est oui, parlez avec lui/elle avant de déclencher une dispute ou de rompre avec lui/elle uniquement parce que votre tasse vous a dit quelque chose. Discutez avant de décider !

6

ENVOÛ-THÉS : SORTILÈGES POUR PRÉPARER DES BOISSONS ENCHAN-THÉES

Quand on pense à la magie, on pense tout de suite aux sortilèges. C'est d'ailleurs souvent ce qui nous impressionne le plus. On en voit beaucoup dans des films ou les séries, sous forme de formules latines ou de longs poèmes en rimes, qui se retournent parfois contre le personnage qui les a lancés. Mais dans la vie réelle, qu'est-ce qu'un sortilège ?

Vous avez certainement déjà vu quelqu'un jeter un sortilège. Il se peut même que vous en ayez déjà jeté vous-même, sans vous en rendre compte.

Un sortilège est un ensemble de mots prononcés dans le but que ces paroles se réalisent de manière magique, à travers des énergies et actions puissantes. En tant qu'écrivaine et sorcière, j'ai parfaitement conscience de la puissance des mots et de ce qu'ils peuvent créer. Mais il n'est pas nécessaire d'être écrivain pour faire l'expérience du pouvoir des mots : on peut la ressentir presque tous les jours, souvent de manière anodine, quand on se dit quelques mots d'encouragement avant de faire une présentation, quand on chante dans sa voiture et que l'on connaît les paroles des chansons par cœur. Vous n'avez certainement pas oublié des mots durs que l'on a pu vous dire, tout comme vous avez pu ressentir la force du « non » quand vous l'avez dit à quelqu'un qui vous a écoutée. Les mots sont puissants.

Vous avez déjà entendu dire « les pensées deviennent réalité ». C'est d'ailleurs très souvent le cas. Si vous vous inquiétez à l'idée qu'un malheur vous arrive, il est très probable qu'il se produise, car vous ne faites qu'y penser et en parler. De même, si vous pensez, parlez et agissez en pensant que tout va bien se passer pour vous, il est plus probable que tout se passe bien. La vie, ce n'est jamais tout noir ou tout blanc, parfois on n'a pas le moral, on se sent déprimée et en colère (pour des raisons légitimes). Mais il est essentiel de regarder au-delà de ces sentiments, de

conserver sa clarté d'esprit. Si vous restez dans votre bulle de paroles négatives, vous n'en sortirez jamais.
Les mots sont puissants, car nous sommes puissantes. Il existe des millions de métaphores ringardes sur les sorcières : nous sommes toutes des êtres de cosmos et d'étoiles, la magie coule dans nos veines, nous sommes les descendantes des sorcières qui n'ont pas été brûlées, etc. Mais en réalité, nous sommes puissantes parce que nous sommes vivantes. Nous sommes en vie pour créer et dégager de l'énergie, pour interagir avec les autres, pour agir, pour penser, pour rêver. Nous sommes vivantes et, par conséquent, nous sommes magiques. De la même manière que les plantes mettent de la magie dans les boissons, nous mettons de la magie dans les mots.
Si l'idée de jeter des sortilèges vous rend un peu nerveuse, ne vous en faites pas. Les sortilèges ne fonctionnent que si on leur insuffle de l'énergie. Ils ne vont pas vous exploser au visage parce que votre langue a fourché sur un mot ou parce que le sortilège ne sonnait pas assez « sorcière ». À partir du moment où l'intention est là, où vous visualisez le résultat dans votre esprit, tout se passera bien.

JETER UN SORTILÈGE GRÂCE AU THÉ

Dans ce chapitre, nous allons jeter des sortilèges par l'intermédiaire de thés et boissons, les sortilèges étant accomplis devant une tasse de thé ou de tisane afin de faire infuser vos intentions dans le liquide. Cela vous aidera à diriger vos intentions et à donner à vos sortilèges et boissons un peu plus de peps, afin que les résultats se manifestent plus rapidement et de manière plus marquée. Les sortilèges par le thé sont idéaux, car de nombreux sortilèges nécessitent d'employer des herbes. En les consommant dans une boisson, vous ingérez la magie, ce qui vous fait sauter une étape et renforce votre conviction. En effet, si vous êtes sceptique à l'idée que le simple fait de prononcer quelques mots peut avoir de réelles conséquences, en jetant un sortilège dans le thé et en le buvant, il se peut que vous soyez davantage convaincue de son pouvoir, puisque vous agissez : vous le buvez.

La polyvalence est l'un des points forts des sortilèges. Il existe de nombreuses manières de jeter des sortilèges, de la plus théâtrale à la plus ordinaire… adaptez-les à votre quotidien. Les sortilèges présentés dans ce chapitre s'accompagnent parfois de rituels, mais vous pouvez décider de la manière dont vous les accomplissez : en chantant fort, baguette magique à la main, ou simplement en buvant votre thé en silence, en prononçant les paroles dans votre tête. À partir du moment où votre objectif est clairement défini, cela fonctionnera.

Nous utiliserons aussi les technologies ou quelques « astuces » modernes dans ces sortilèges. Mais si vous êtes une sorcière de l'ancienne école, aucun problème, sentez-vous libre d'accomplir les sortilèges comme vous le sentez. Aucun problème non plus si vous souhaitez invoquer des déités, la wicca ou si vous pratiquez le paganisme. Et si l'aspect religieux ou spirituel de la sorcellerie ne vous parle pas du tout, ne vous forcez pas à l'intégrer à vos sortilèges. Ceux-ci fonctionneront parce que vous leur insufflez votre énergie, c'est la seule chose qui compte.

LES QUATRE COMPOSANTS D'UN SORTILÈGE

Voici les quatre choses à faire pour qu'un sortilège soit efficace : affirmer votre volonté, exprimer votre intention, focaliser votre énergie et agir.

Affirmer votre volonté. Affirmer votre volonté, c'est dire à l'univers ce que vous désirez et ce que vous souhaitez voir se manifester dans votre vie. Ce n'est pas forcer l'univers à vous donner ce que vous voulez. Non, dans votre programme magique, votre volonté, c'est ce que vous voulez accomplir avec les pouvoirs en votre possession. Par exemple, si vous souhaitez réussir professionnellement, votre volonté sera de réussir, et vous jetterez un sortilège pour la prospérité. Savoir si l'univers a cela en réserve pour vous, c'est une autre question… Mais pour qu'un sortilège fonctionne, vous devrez faire preuve de volonté. Le sortilège doit être votre manière de dire « c'est à cela que j'aspire et je vais faire en sorte que cela se réalise grâce à ce sortilège ». Si vous êtes trop molle (« oui, c'est peut-être cela que je veux » ou « je ne pense pas que ça va marcher, mais qui ne tente rien… »), vous n'arriverez à rien, car vous ne donnerez pas l'impression d'avoir réellement envie d'y arriver ou de croire suffisamment en vous pour que cela se réalise. Croyez en votre volonté. Croyez en votre puissance magique.

Exprimer votre intention. En plus des images, des métaphores et des mots puissants, un sortilège, au fond, est une sorte de contrat entre vous et l'univers. Vous exprimez ce que vous voudriez voir se passer dans la réalité, et vous demandez que cela arrive. C'est pour cette raison qu'il est important que vos intentions soient claires lorsque vous préparez votre sortilège, et que vous choisissiez les mots qui les reflètent le mieux. Imaginons que vous êtes à la recherche de l'amour et que vous accomplissiez un sortilège pour renforcer votre charme, en espérant rencontrer un·e partenaire potentiel.le. Cependant, vous n'avez pas précisé quel type de personne vous aimeriez voir s'intéresser à vous, ni combien. Vous n'avez pas non plus visualisé de résultat précis. Du jour au lendemain, votre téléphone ne cesse de sonner et vous recevez des centaines de messages de crétins obsédés par vous. Exprimez vos intentions en choisissant bien vos mots : « je voudrais 200 $ pour payer mon loyer, et j'en ai besoin dès jeudi » ou « j'aimerais qu'un homme gentil et respectueux m'invite à sortir ce mois-ci ».

Focaliser votre énergie. Cet aspect est essentiel lorsque vous préparez un sortilège : il faut focaliser votre énergie sur vos intentions, sinon rien ne se passera. Quand on est distrait, nos énergies s'éparpillent. Pour que les sortilèges fonctionnent, il faut les accomplir en étant pleinement concentré. C'est pour cette raison qu'il est si important de pratiquer la visualisation et de s'ancrer avant, pendant et après avoir jeté le sortilège. Il faut que vous soyez connectée à votre puissance intérieure.

Agir. Un sortilège nécessite une action pour être activé, qu'il s'agisse de brandir une baguette magique, de boire, de chanter, de danser ou d'allumer une bougie. Pour que votre sortilège prenne vie, il faut que vous dégagiez de l'énergie. Il faut aussi que vous prouviez que vous êtes prête à travailler pour obtenir ce que vous désirez. Vous chargez votre sortilège de votre énergie personnelle. En effectuant une action (pratiquer un rituel, allumer une bougie, préparer une boisson), vous réalisez votre part du contrat. Vous dites « Hé, je fais ceci, est-ce que tu vas me donner ce que je veux ? ». Et comme je l'ai expliqué ci-dessus, il est plus simple de croire que vous provoquez la réalisation de quelque chose lorsque vous faites vraiment un geste. En agissant, vous renforcez votre confiance en vous et en votre magie.

Tour de magie

Pour vous assurer qu'un sortilège ne se retourne jamais contre vous, terminez systématiquement votre formule en disant « pour mon plus grand bien ». Ainsi, si un sortilège tourne mal, vous éviterez un drame et obtiendrez un résultat proche de ce que vous vouliez, une chose qui a du sens et qui est bonne pour vous. Imaginons par exemple que vous accomplissiez un sortilège en vue d'obtenir une promotion, mais que vous ne l'obteniez pas. Plus tard, en parlant avec la personne qui a eu la promotion, vous découvrez que cela a généré plus de stress et de travail pour elle, sans qu'elle soit mieux payée. Quelque temps après, on vous propose un poste dans une autre entreprise, mieux payé, qui vous permet un meilleur équilibre vie professionnelle/vie personnelle. Cela vous a donc protégé de l'obtention d'une promotion qui ne vous aurait pas plu, et vous a permis de saisir une meilleure opportunité, ce dont vous aviez vraiment besoin. Laissez-vous toujours une échappatoire.

PLANIFIER VOS SORTILÈGES

Dans la vie, le calendrier est important, quoi que nous fassions... et la magie ne fait pas exception ! Certains jours de la semaine et les phases de la lune renferment des propriétés magiques précises, qui font qu'ils sont idéaux pour certains sortilèges et désastreux pour d'autres. Il n'est pas obligatoire de prévoir de réaliser ses sortilèges un jour précis ou pendant une phase particulière de la lune (surtout s'il s'agit d'un sortilège d'urgence !), mais cela peut donner un petit coup de pouce magique.

SORTILÈGES ET CYCLE LUNAIRE

Si vous désirez bénéficier de la magie mystique de la Lune, essayez de planifier vos sortilèges en fonction du calendrier lunaire. Voici un petit résumé des spécificités de chaque phase.

Nouvelle lune : sortilèges de purification, définition d'intentions, divination.

Premier croissant : sortilèges pour la manifestation, l'attirance, la prospérité et la chance.

Premier quartier : sortilèges pour la force, l'élan, la fertilité et la transformation.

Lune gibbeuse croissante : sortilèges pour la croissance et la protection, la réalisation des espoirs et des rêves.

Pleine lune : sortilèges pour la guérison, la pratique de la gratitude et pour bénéficier de l'énergie de la lune.

Lune gibbeuse décroissante : purification et éradication.

Troisième quartier : sortilèges pour se détacher, pour l'introspection et le partage.

Dernier croissant : prédictions, méditation, soin de soi et repos.

SEPT JOURS DE MAGIE

Si les phases de la Lune ne vous parlent pas, vous pouvez simplement utiliser le calendrier pour planifier vos sortilèges. Chaque jour de la semaine est associé à une planète, qui a une influence sur cette journée, car chaque planète possède sa propre correspondance magique. Voici un résumé de l'influence de chaque jour :

Lundi : jour associé à la lune, idéal pour les sortilèges liés à la fertilité, la divination, l'augmentation des rêves et la spiritualité.

Mardi : jour associé à mars, idéal pour les sortilèges liés au fait de franchir des obstacles, de gérer les conflits, d'agir, d'accroître l'énergie et de gagner en indépendance.

Mercredi : jour associé à mercure, idéal pour les sortilèges liés à la créativité, à la communication, au travail et à la carrière.

Jeudi : jour associé à jupiter, idéal pour les sortilèges liés à l'argent, au commerce et aux questions légales.

Vendredi : jour associé à vénus, idéal pour les sortilèges liés à l'amour, aux relations et à la sexualité.

Samedi : jour associé à saturne, idéal pour les sortilèges liés à la protection, la correction de mauvaises habitudes, l'éradication, les engagements et la méditation.

Dimanche : jour associé au soleil, idéal pour les sortilèges liés à la réussite, l'abondance, la force, le bonheur et la guérison.

LA MAGIE DES SIGILS

Nous avons déjà beaucoup parlé des symboles et du fait d'essayer de les observer dans le fond de nos tasses, mais saviez-vous que vous pouvez aussi dessiner des symboles magiques sur vos tasses ? Eh oui, si vous n'êtes pas très douée pour vous exprimer avec des mots, vous pouvez employer vos capacités artistiques à travers les sigils.

La magie des sigils utilise des symboles créés par une personne et chargés d'une propriété magique ou de l'intention de voir se réaliser un objectif précis. Le sortilège emploie des mots pour parvenir à un résultat. Le sigil infuse la magie dans le dessin pour créer de la magie. Avec les sigils, les possibilités sont infinies. Vous pouvez en

créer un pour attirer l'amour, pour avoir de bons résultats scolaires, pour vous protéger…
Il peut avoir n'importe quelle apparence, et être aussi simple ou complexe que vous le souhaitez. Certaines personnes s'inspirent des runes, d'autres créent leurs sigils en puisant dans leurs émotions, d'autres encore dans leurs intentions. Il se peut que vous observiez des sigils dans votre tasse, lorsque vous regardez les feuilles de thé, et que le symbole que vous voyez fasse sens pour vous. Je vous propose des sigils associés aux sortilèges de ce chapitre, mais sentez-vous libre d'inventer les vôtres.

Tour de magie

Associez la magie des sigils et des herbes en dessinant un sigil sur le dessous de votre tasse avant d'accomplir un sortilège, de faire une lecture dans les feuilles de thé ou de boire une potion. Vous pouvez aussi peindre un sigil pour la protection ou la divination sur le devant de votre tasse, pour renforcer votre intuition et votre sécurité. Et si vous êtes très douée en préparation de latte, vous pouvez créer un sigil dans la mousse avant de boire votre boisson. Les possibilités sont infinies.

Voilà, vous connaissez les bases à mettre en place avant de lancer un sortilège. À vous de jouer maintenant !

VIENS À MOI : UN SORTILÈGE SIMPLE POUR RENFORCER LE POUVOIR D'ATTRACTION

Voici un sortilège facile à accomplir, idéal pour les débutantes ou celles qui aiment avoir un petit sortilège rapide à réaliser en cours de journée, notamment lorsqu'elles ont envie que leurs désirs se réalisent.

un mug
thé
une cuillère

Comment accomplir le sortilège

Étape 1 : préparez votre thé.

Étape 2 : pendant qu'il infuse, réfléchissez à trois qualités que vous aimeriez attirer. Il faut penser à des choses générales, pas « j'aimerais avoir 300 dollars » ou « je veux qu'un homme sexy m'invite à boire un verre », mais plutôt :

- Productivité, créativité, réussite
- Abondance, protection, paix
- Amour, rire, positivité
- Calme, relaxation, bonheur

Tenez-vous-en à trois.

Étape 3 : prenez votre cuillère et remuez une fois le thé dans le sens horaire en énonçant à voix haute la première qualité. Par exemple « créativité, viens à moi ».

Étape 4 : répétez l'opération avec la deuxième et la troisième qualité.

Étape 5 : lors du dernier tour, dites également « tandis que je bois cette tasse de thé, ce que j'attire vient à moi ».

Étape 6 : buvez votre thé et profitez.

Pour une touche de magie

- Dessinez un sigil représentant ce que vous souhaitez attirer sur une feuille ou directement dans votre tasse, avec du miel.
- Si le parfum se marie avec votre thé, remplacez la cuillère par un bâton de cannelle, qui porte chance.
- Posez une pierre associée aux qualités que vous souhaitez attirer à côté de votre tasse. Si vous désirez attirer l'amour, utilisez du quartz rose. Pour la protection, optez pour la tourmaline noire.
- Pour renforcer le pouvoir de réalisation, préparez le « mélange de Midas » (page 72).
- Pour maximiser les résultats, accomplissez ce sortilège pendant la lune croissante, ou un dimanche.

TOUT VA BIEN SE PASSER : UN SORTILÈGE POUR S'APAISER ET SE RASSURER

Parfois, nous avons juste besoin d'entendre que tout va bien se passer, même si nous doutons que ce soit vraiment possible. Si vous vous sentez stressée, anxieuse ou incapable d'arrêter de vous inquiéter, ce sortilège peut vous aider à vous sentir ancrée. Considérez-le comme un instant de réconfort dans votre journée !

un mug
thé
cuillère
quartz rose
miel

Comment accomplir le sortilège

Étape 1 : préparez votre thé. Si vous avez l'habitude d'y ajouter du miel, attendez l'étape suivante.

Étape 2 : ajoutez environ la moitié de la quantité de miel que vous utilisez habituellement et mélangez dans le sens antihoraire en disant « j'évacue de mon esprit, de mon corps et de mon cœur les sentiments négatifs, les pensées envahissantes et le chaos ». Expirez.

Étape 3 : ajoutez le reste du miel et remuez dans le sens horaire en disant « j'accueille dans mon esprit, mon corps et mon cœur les pensées paisibles, l'énergie apaisante et la clarté ». Inspirez.

Étape 4 : prenez le quartz rose dans votre main gauche, la main réceptrice. Prenez le mug dans votre main droite, la main donneuse.

Étape 5 : observez la vapeur qui s'élève au-dessus du mug et imaginez qu'une lumière blanche guérisseuse en émane. Imaginez que cette lumière nettoie votre corps, le remplit de chaleur et de paix et repousse l'énergie négative. Expirez.

Étape 6 : inversez et prenez le quartz rose dans la main droite et le mug dans la main gauche.

Étape 7 : avant de boire votre première gorgée, dites trois fois « tout va bien se passer ».

Étape 8 : buvez votre thé lentement et profitez.

Étape 9 : en buvant votre dernière gorgée, dites « pour mon plus grand bien » afin de sceller les énergies.

Pour une touche de magie

- Si vous buvez ce thé juste avant de vous coucher, placez ensuite le quartz rose sous votre oreiller ou à côté de votre lit afin de favoriser le sommeil et les beaux rêves.
- Pratiquez ce sortilège juste après avoir fait la lecture « ai-je besoin de m'inquiéter » de la page 134 si le résultat vous a plus angoissée que rassurée.

- Dessinez un sigil de protection au fond de votre tasse ou dans votre tasse, avec du miel.
- Pour maximiser les résultats, accomplissez ce sortilège pendant la lune décroissante.

Suggestions de mélanges

Tisane de camomille : idéale à boire juste avant le coucher, surtout si des soucis vous empêchent de dormir ou de vous détendre.

Tisane de mélisse : reconnue pour ses propriétés apaisantes et pour dissiper les maux de tête, surtout quand ils sont provoqués par le stress.

Anti-anxié-thé : comme son nom l'indique, ce thé (voir page 69) est conçu pour réduire l'anxiété. Préparez-le pour apaiser vos nerfs afin d'être véritablement convaincue que tout va bien se passer.

SORTILÈGE POUR LES BONNES ONDES

Nous avons tous besoin d'un peu de positivité dans vos vies, surtout les jours maussades. Quand vous éprouvez des difficultés à être optimiste et dynamique, demandez aux vibrations spirituelles de l'univers de vous venir en aide. Pas de temps à perdre avec les ondes négatives.

thé
une tasse
une bonne playlist
parfum aux notes d'agrumes, roll-on aux huiles essentielles d'agrumes, bougies aux agrumes ou encens aux agrumes
(optimisme, bonnes énergies)
1 bâton de cannelle *(bonheur, chance)*
un endroit ensoleillé ou une lampe de luminothérapie

Comment accomplir le sortilège

Étape 1 : préparez une playlist spéciale bonnes ondes, composée uniquement de chansons qui vous font sourire à tous les coups. Ne faites pas la snob au moment de choisir et n'ayez pas honte d'y mettre des tubes pop mielleux du début des années 2000 ou des chansons de votre comédie musicale préférée que personne ne connaît. Et si c'est le heavy metal qui vous colle le sourire, n'hésitez pas non plus !

Étape 2 : lancez la playlist pendant que vous préparez votre thé. Si l'envie de danser vous vient, ne vous retenez surtout pas !

Étape 3 : pendant que le thé infuse, mettez un peu de parfum aux agrumes, utilisez le roll-on ou allumez l'encens ou la bougie. Si vous n'aimez pas l'odeur des agrumes, utilisez votre parfum ou votre bougie préférés.

Étape 4 : quand le thé est infusé, prenez votre tasse et asseyez-vous au soleil. S'il ne fait pas beau ou si vous craignez le soleil, installez-vous près d'une lampe de luminothérapie ou enveloppez-vous dans une couverture chaude et placez-vous devant ou sous une lampe.

Étape 5 : mélangez le thé trois fois dans le sens horaire avec le bâton de cannelle en répétant trois fois la phrase suivante : « je bouge au rythme de ma vibration la plus intense, toute l'énergie qui vient vers moi aujourd'hui est une énergie positive. Je ne laisse venir que les bonnes ondes dans ma vie. »

Étape 6 : buvez votre thé en écoutant la playlist. Improvisez sur la musique : chantez, dansez, claquez des doigts… faites tout ce qui vous met de bonne humeur.

Étape 7 : quand il ne reste plus qu'une gorgée de thé, dites « à partir de maintenant, uniquement des ondes positives » et buvez-la pour sceller le contrat.

Pour une touche de magie

- Pour accroître vos chances de passer une bonne journée, pratiquez ce sortilège en même temps que le rituel des « prévisions quotidiennes » (page 113).
- Vous pouvez utiliser n'importe quel mélange de thé pour ce sortilège. Cependant, si vous voulez une dose de bonheur supplémentaire, utilisez le « thé pour un bon moment » (page 71) ou le « thé pour repousser les idées noires » (page 79).
- Pratiquez ce sortilège en portant une pierre de soleil ou un quartz fumé sur vous ou en les posant près de vous. La pierre de soleil favorise les pensées positives et le quartz fumé transforme l'énergie négative en énergie positive.
- Pratiquez ce sortilège en plein air, tôt le matin si possible, pour vous imprégner des bonnes vibrations du soleil.

ÉDULCORER SES PAROLES : SORTILÈGE POUR LES CONVERSATIONS DIFFICILES

Il nous arrive à toutes de devoir avoir des conversations difficiles, que ce soit pour demander un service, nous excuser d'avoir blessé quelqu'un ou mettre fin à une relation. Nous aimerions pouvoir les éviter d'un coup de baguette magique, mais elles sont nécessaires pour nous permettre d'avancer dans la vie. S'il n'est pas possible de les éviter, nous pouvons essayer de les faciliter et même de les faire pencher en notre faveur. Voici un sortilège pour vous aider à obtenir exactement ce que vous voulez en édulcorant vos propos.

2 mugs *(un pour vous et un pour l'autre personne)*
suffisamment de thé pour deux
parfum à la vanille ou roll-on d'huile essentielle de vanille *(ouverture du chakra de la gorge, empouvoirement, force mentale, chance)*
2 c. à café de miel *(douceur, pour faire couler les choses)*
2 c. à café de sucre *(pour faire couler les choses)*

Comment accomplir le sortilège

Étape 1 : appelez la personne avec qui vous devez discuter et invitez-la à venir prendre le thé. S'il est impossible d'organiser un tête-à-tête, planifiez un appel téléphonique ou en visio, ou même une discussion par texto.

Étape 2 : avant le rendez-vous, préparez le thé et la table pour deux (même si vous faites le rendez-vous par téléphone).

Étape 3 : mettez du parfum à la vanille ou appliquez le roll-on dans le creux du cou, à la base de la gorge, et dans le creux de vos poignets. Si vous discutez uniquement par texto, mettez le parfum ou appliquez le roll-on seulement dans le creux de vos poignets.

Étape 4 : juste avant le rendez-vous, mettez une cuillerée de miel dans votre tasse et remuez trois fois dans le sens horaire en répétant à chaque tour : « que chaque gorgée fasse que mes mots coulent comme du miel et me permettent de m'exprimer paisiblement. Que cette conversation se passe avec aisance. »

Étape 5 : ajoutez une cuillerée de miel dans la tasse de l'autre personne et remuez trois fois dans le sens horaire en répétant à chaque tour : « je suis prête à écouter, je suis ouverte au changement, je suis prête à entendre un autre point de vue ».

Étape 6 : ajoutez une cuillerée de sucre dans votre tasse et remuez trois fois dans le sens horaire en répétant à chaque tour « mes mots sortent avec gentillesse et bonnes intentions. Mes mots apportent le meilleur résultat pour toutes les personnes présentes à cette table ».

Étape 7 : ajoutez une cuillerée de sucre dans la tasse de l'autre personne et remuez trois fois dans le sens horaire en répétant à chaque tour « je m'installe à cette table en toute bonne foi et pleine de bonnes intentions. J'ai retiré mon armure, je baisse la garde. Je suis désireuse d'écouter et de m'exprimer avec douceur. »

Étape 8 : juste avant d'entamer la conversation, dites à haute voix « pour le bien suprême des deux parties » et tapez avec votre cuillère sur le rebord de la tasse.

Étape 9 : lancez-vous. Si l'autre personne n'est pas présente physiquement, placez sa tasse devant l'écran de l'ordinateur si vous faites un appel en visio. Si vous échangez par texto ou par téléphone, placez sa tasse devant une photo d'elle ou un objet lui appartenant.

Pour une touche de magie

- Si cette conversation vous inquiète, utilisez le « thé pour repousser les idées noires » (page 79). Si vous espérez obtenir quelque chose grâce à cette conversation ou si vous souhaitez vraiment qu'elle se passe bien, préparez le mélange « une tasse de confiance » (page 86). Si vous avez la sensation d'avoir besoin d'une protection supplémentaire pendant cette conversation, préparez le « sécuri-thé » (page 89) (et prenez aussi d'autres précautions, en dehors de la magie).
- Si vous accomplissez ce sortilège parce que vous éprouvez des difficultés dans une relation ou parce qu'une personne s'est montrée distante envers vous dernièrement, faites la lecture « la distance entre nous » (page 130) pour comprendre ce qui ne va pas. Cela pourra vous aider à vous préparer à cette conversation. Mettez des touches

de bleu dans ce sortilège (tasses ou sous-tasses bleues, vêtements bleus, etc.). Le bleu est une couleur apaisante, idéale si la conversation risque de s'envenimer, et c'est aussi la couleur associée au chakra de la gorge, qui est celui de la communication, de la formulation des idées et de la verbalisation des sentiments.

- Si vous effectuez ce sortilège parce que vous essayez de faire sortir quelqu'un de votre vie une bonne fois pour toutes, ajoutez une pincée de camomille dans sa tasse, mais pas dans la vôtre. La camomille favorise l'expulsion, idéal pour faire sortir quelqu'un de sa vie sans rancœur.

VOUS ÊTES PLUS PUISSANTE QUE VOUS NE LE CROYEZ : SORTILÈGE POUR GAGNER EN CONFIANCE ET AFFRONTER LE MONDE COMME UNE SORCIÈRE QUI DÉCHIRE

Quand une sorcière, ou n'importe qui d'autre, se connecte à sa magie et sa puissance personnelles, elle devient une force incontournable. Elles est capable de surmonter tous les obstacles, de combattre ses ennemis, d'exprimer ses désirs profonds et de les faire se réaliser.

Toutefois, malgré notre grande puissance, rares sont les femmes qui se sentent fortes tous les jours, ou même régulièrement. Voici un sortilège pour vous aider à reprendre le pouvoir lors de ces journées où vous ne vous sentez pas confiante, à la hauteur, prête à tout déchirer, alors que vous en auriez bien besoin...

thé *(pour 2 tasses)*
tasse
2 fiches bristol
stylo
ciseaux
une citrine *(pierre du courage et de la confiance)*
médaillon

Comment accomplir le sortilège

Étape 1 : préparez votre boisson, dans l'idéal avec le mélange « une tasse de confiance » de la page 86, mais toute boisson qui vous aide à vous sentir prête à affronter votre journée fera l'affaire.

Étape 2 : posez la citrine devant la boisson pendant qu'elle infuse ou refroidit.

Étape 3 : une fois que la boisson a suffisamment refroidi pour être bue, répétez les phrases suivantes tout en mélangeant trois fois dans le sens horaire « je suis bien plus puissante que ce que les autres peuvent penser. Chaque gorgée m'aide à devenir ce que j'ai toujours voulu être. »

Étape 4 : buvez tout en notant sur une fiche bristol tout ce que vous souhaitez être : intelligente, belle, forte, directe, éloquente, courageuse, douce, talentueuse, indépendante, etc. Faites preuve d'imagination, mais restez brève, car il faut que le morceau de carton tienne dans un médaillon ! Un conseil : écrivez petit… Posez la citrine sur la fiche.

Étape 5 : avant de boire la dernière gorgée, dites à voix haute : « je deviens tout cela, pour mon plus grand bien ». Buvez.

Étape 6 : découpez la fiche pour ne conserver que votre liste. Pliez de manière à ce qu'elle entre dans le médaillon.

Étape 7 : placez-la dans le médaillon et exposez-le au soleil, la citrine posée dessus. (Voir aussi les variantes proposées page suivante.)

Étape 8 : répétez les étapes une et deux.

Étape 9 : en mélangeant cette nouvelle boisson, dites : « J'ai toujours été puissante. Ma magie a toujours été présente en moi. J'honore et je reconnais la puissance qui est en moi. »

Étape 10 : buvez. Pendant que vous buvez, prenez la seconde fiche et inscrivez-y la liste de tout ce que vous aimez en vous, des qualités dont vous êtes fière : gentille, généreuse, intelligente, oreille attentive, sœur fidèle, pleine d'esprit, compréhensive, brave, organisée, etc. Creusez-vous la tête. Si vous ne trouvez vraiment rien, écrivez simplement « modeste » et voyez ce qu'il advient.

Étape 11 : avant de boire la dernière gorgée, dites « avec cette gorgée, je me rappelle ma puissance et je la rappelle aux autres. Je suis désormais connectée à mon potentiel inexploité. » Buvez.

Étape 12 : placez cette seconde liste dans un endroit sûr, avec la citrine.

Étape 13 : accrochez le médaillon autour de votre cou et partez conquérir le monde !

Pour une touche de magie

- Si votre liste est trop longue pour rentrer dans le médaillon, dessinez un sigil représentant la confiance et mettez-le dans le médaillon. Rangez votre liste dans un autel, enregistrez-la dans les notes de votre téléphone ou accrochez-la sur votre tableau de visualisation.
- Si vous ne possédez pas de médaillon, enregistrez la liste dans l'application Notes de votre téléphone ou envoyez-la-vous par e-mail.
- Pour un coup de pouce supplémentaire, accomplissez ce sortilège pendant la lune croissante ou un mardi.
- Incorporez du gingembre à votre boisson ou mangez quelque chose au gingembre, car il est associé à la confiance et la puissance.

ÉVITER LES PROBLÈMES : SORTILÈGE POUR SE SORTIR DES SITUATIONS DIFFICILES (OU LES ÉVITER QUAND C'EST POSSIBLE)

Il arrive même à la plus expérimentée des sorcières de se retrouver dans des situations inconfortables. Quand les mots ne parviennent plus à apaiser les choses, il faut se montrer créative. Utilisez ce sortilège pour vous sortir du pétrin.

---

casserole moyenne
cuillère
louche
tasse ou mug
2 tasses d'eau
1 c. à café de citronnelle séchée *(purification et protection)*
1 c. à café de thym séché *(pour arrondir les angles)*
1 c. à café de passiflore séchée *(apaisante, paix)*

Comment accomplir le sortilège

Étape 1 : préparez le matériel. Posez la casserole sur une plaque chauffante et versez-y l'eau. Allumez la plaque.

Étape 2 : pendant que l'eau chauffe, visualisez tous les événements qui ont provoqué la situation dans laquelle vous vous trouvez. Avez-vous commis des erreurs ? D'autres ont-ils commis des erreurs ? Observez-les remonter à la surface et accueillez-les.

Étape 3 : quand l'eau bout, prenez la cuillerée de citronnelle et dites : « grâce à cette citronnelle, je nettoie le passé, mon avenir est protégé » et versez la citronnelle dans la casserole.

Étape 4 : prenez la cuillerée de thym et dites : « grâce au thym, je suis prête à relâcher la tension et à tourner la page » puis versez-la dans la casserole.

Étape 5 : prenez la cuillerée de passiflore, dites : « grâce à la passiflore, j'apaise l'eau, je me sors de cette situation difficile et je trouve la paix dans cette chaleur » et versez-la dans la casserole.

Étape 6 : ôtez la casserole du feu et éteignez la plaque. Prélevez un peu de tisane et versez-la dans votre tasse à l'aide de la louche.

Étape 7 : avec la cuillère, remuez trois fois la tisane dans le sens antihoraire en répétant à chaque tour « grâce à cette boisson, j'expulse le mal et je comprends comment aller dans l'autre direction ».

Étape 8 : buvez à petites gorgées tout en méditant et en vous ancrant. Comment pouvez-vous sortir de la situation dans laquelle vous vous trouvez ? Quelle action devez-vous entreprendre ?

Étape 9 : quand il ne reste plus qu'une seule gorgée de thé, dites « pour mon plus grand bien » et buvez-la pour sceller le sort.

Pour une touche de magie

- Si vous êtes en difficulté sur le plan juridique, ajoutez une cuillerée à café de calendula à la préparation. Il représente la protection dans les questions d'ordre juridique.
- Vous pouvez profiter de cette tisane en vrac pour faire une interprétation, notamment le rituel « ai-je besoin de m'inquiéter » (page 134), pour savoir si vos problèmes sont vraiment graves. Vous pouvez également faire le rituel « révélez-vous » (page 143).
- Vous pouvez aussi adapter ce sortilège : faites-vous couler un bain chaud et versez les herbes dans la baignoire. Juste avant de sortir du bain, dites : « je sors de l'eau chaude et je poursuis mon chemin dans la paix et protégée. Je prends un nouveau départ ».

JE VEUX DORMIR : SORTILÈGE POUR METTRE LE CERVEAU EN VEILLE ET PROFITER D'UN SOMMEIL SANS STRESS

Certains soirs (peut-être un peu trop souvent d'ailleurs), impossible de s'endormir. On se tourne et se retourne dans le lit sans parvenir à appuyer sur le bouton « off » de notre esprit. Quelque chose nous stresse, on fait des cauchemars ou on est tellement épuisée qu'on n'arrive pas à dormir. Quelle que soit la situation, ce sortilège devrait réussir à vous envoyer au pays des rêves.

un mug de thé
(de préférence la « tisane pour de beaux rêves », page 88)
un petit pochon en tissu
un brin de lavande *(apaisante, facilite le sommeil)*
3 feuilles de verveine citron *(protection contre les cauchemars)*
1 c. à soupe de camomille séchée *(calme, paix)*
une pierre de lune *(favorise le sommeil)*

Comment accomplir le sortilège

Étape 1 : préparez-vous une tasse de tisane bien chaude et apaisante.

Étape 2 : pendant qu'elle infuse, prenez le pochon et remplissez-le avec la lavande, la verveine citron, la camomille et la pierre de lune.

Étape 3 : fermez-le bien et placez-le devant votre cœur en répétant trois fois : « ce soir, quand je m'allongerai pour dormir, je vais fermer les yeux et trouver un sommeil profond. Je rouvrirai les yeux en même temps que le soleil se lèvera. »

Étape 4 : placez le pochon sous votre oreiller.

Étape 5 : prenez votre tisane et installez-vous dans votre lit. Mettez une lumière tamisée et buvez votre tisane, sans consulter votre téléphone. Imaginez qu'une énergie douce et apaisante circule dans votre corps. Imaginez-vous en train d'appuyer sur le bouton arrêt, prête à dormir.

Étape 6 : avant de boire la dernière gorgée de tisane, dites « maintenant, laissez-moi trouver ce p*** de sommeil, je suis une sorcière très fatiguée. »

Étape 7 : allongez-vous, éteignez la lumière et dormez !

Pour une touche de magie

- Si vous avez du mal à vous endormir par peur de faire des cauchemars, ajoutez de l'armoise dans le pochon.
- Si vous avez du mal à vous endormir parce que vous avez des pensées négatives, préparez la « tisane pour repousser les idées noires » (page 79).
- Si cela vous aide à vous endormir, écoutez une playlist de musiques douces pendant que vous buvez la tisane. Fredonnez les mélodies tout en buvant votre tisane pour y faire infuser la magie réconfortante.

SORCIÈRES DU KARMA : SORTILÈGE POUR DONNER AUX AUTRES PRÉCISÉMENT CE QU'ILS MÉRITENT

En sorcellerie, les sortilèges sont souvent mal vus, pour différentes raisons. Certains (surtout les adeptes de la wicca) pensent que lorsqu'on jette un sort à quelqu'un, on invoque la règle du triple, selon laquelle un sort destiné à blesser quelqu'un se retourne vers celui qui le lance en lui faisant trois fois plus de mal. D'autres pensent qu'il n'est pas bien d'employer la sorcellerie contre une personne qui n'utilise pas la magie, car le combat est « injuste ». Selon moi, ivous ne devez pas jeter un sort ou une malédiction à quelqu'un pour la simple raison que vous ne l'appréciez pas, qu'iel possède quelque chose que vous voulez ou qu'iel vous a éconduite. Cependant, quand une personne s'est montrée délibérément cruelle ou injuste, qu'elle s'est servie de ses privilèges pour blesser les autres ou qu'elle a fait du mal sans montrer d'empathie, il me semble qu'un peu de magie ne peut pas faire de mal… Ce sortilège vise à provoquer le karma de quelqu'un qui a causé un véritable préjudice sans en avoir encore subi les conséquences. Ce n'est pas à vous qu'il revient de décider de sa punition, vous ne faites que donner un coup de pouce au karma…

stylo et papier
une tasse de thé
une bougie violette *(couleur associée à la justice)*
un contenant résistant aux flammes
la carte de la Justice d'un jeu de tarot
(tirée dans un jeu dont vous ne vous servez pas, ou imprimée à partir d'une image trouvée sur Internet)

Comment accomplir le sortilège

Étape 1 : commencez par écrire toutes les mauvaises choses que la personne à laquelle vous pensez à commises. Dressez la liste de tout ce qu'elle vous a fait à vous ou à d'autres personnes. Inscrivez son nom en haut de la liste.

Étape 2 : préparez votre thé.

Étape 3 : allumez la bougie.

Étape 4 : prenez la feuille dans vos mains et dites « (prénom de la personne), tu as semé des graines, voici venu le moment de la récolte. Je ne te souhaite pas de mal, je souhaite simplement que tu aies ce que tu mérites. »

Étape 5 : mettez le feu à la feuille (enflammez au moins un coin).

Étape 6 : posez la feuille dans un récipient résistant aux flammes.

Étape 7 : buvez votre thé. Pendant ce temps, imaginez que justice est faite. Ne pensez pas au type de punition que vous souhaiteriez ni à ce que vous aimeriez que le karma réserve à cette personne. Demandez-vous simplement ce qui serait juste selon vous. Des excuses ? Une indemnisation financière ? Qu'elle reconnaisse publiquement qu'elle a mal agi ? Ne plus jamais la revoir, car elle respecterait les limites que vous avez fixées ?

Étape 8 : une fois la liste complètement brûlée, éteignez le feu en versant la fin de votre boisson dans le récipient (ou de l'eau, si votre thé est encore trop chaud). Ce faisant, dites : « j'éteins le feu de ma blessure. Que justice soit enfin faite. »

Étape 9 : quand les cendres sont froides, mettez-les dans une boîte et placez-la derrière ou sous la carte de la Justice. Quand le karma aura fait son œuvre, vous pourrez jeter les cendres.

Pour une touche de magie

- Utilisez du thé ou une tisane au gingembre, car le gingembre est associé à la punition.
- Faites une interprétation dans les feuilles de thé pour savoir quand le karma va se manifester et sous quelle forme.
- Si vous n'aimez pas trop le feu et les bougies, vous pouvez utiliser une bougie sans flamme pendant le rituel, déchirer la feuille en mille morceaux et les conserver dans la boîte au lieu de les brûler.

LÂCHER PRISE ET GRANDIR : SORTILÈGE POUR AVANCER

Essayez ce sortilège si vous voulez avancer et vous ouvrir à l'avenir (il est diamétralement opposé au précédent, le sortilège pour le karma des sorcières). Qu'il soit question pour vous de passer à autre chose après une rupture, un emploi qui ne vous convenait pas ou une épreuve douloureuse dont vous avez eu du mal à vous remettre, ce sortilège vous montrera que le thym arrange les choses...

des feuilles ramassées dehors
stylo/feutre
étiquettes pour semis
graines de thym
un pot et du terreau

Comment accomplir le sortilège

Étape 1 : ramassez quelques feuilles dehors, suffisamment grandes pour pouvoir écrire dessus. Faites au mieux en fonction de la saison : c'est très simple en automne. Au printemps ou en été, cueillez quelques feuilles vertes sur un arbre et en hiver, écrivez directement dans la neige, à la main. Vous pouvez aussi, tout simplement, rédiger une note dans votre téléphone.

Étape 2 : choisissez cinq choses dont vous avez envie de vous débarrasser dans votre vie et écrivez-en une sur chaque feuille. Il peut s'agir de n'importe quoi : passer à autre chose après une rupture, ne plus accorder d'importance aux attentes des autres, être moins perfectionniste, changer de travail, etc.

Étape 3 : allez dehors. Tournez-vous vers le sud et dites « j'abandonne tout ce qui ne me sert plus. Je me libère de ce fardeau et je vais de l'avant. »

Étape 4 : lâchez les feuilles et regardez-les s'envoler. (Si vous avez écrit dans la neige ou sur votre téléphone, effacez ce que vous avez écrit.)

Étape 5 : prenez les graines de thym et le terreau. Si vous avez un jardin, plantez-les. Si vous n'en avez pas, plantez le thym dans une jardinière ou dans un pot que vous placerez près de la fenêtre.

Étape 6 : une fois les graines plantées, prenez cinq étiquettes pour semis (au maximum) et inscrivez-y ce que vous souhaitez voir se développer : amour-propre, nouvel emploi, confiance en vous, famille, etc. Vous pouvez aussi dessiner vos souhaits sous forme de sigils. Plantez les étiquettes dans le pot.

Étape 7 : avant d'arroser, dites « grâce à cette eau, je fais pousser la vie que je désire. Je dédie du temps et de l'attention à ce désir d'avancer dans la vie. » Arrosez.

Étape 8 : prenez bien soin du thym qui pousse et laissez votre nouvelle personnalité se dévoiler.

Pour une touche de magie

- Quand le thym a suffisamment poussé pour être cueilli, utilisez-le pour vos tisanes et vos sortilèges ou en cuisine.
- Selon vos intentions, remplacez le thym par d'autres herbes ou fleurs (voir dans le chapitre deux pour mieux connaître leurs propriétés magiques).
- Pendant que vous plantez le thym, buvez une tasse du « mélange de Midas » (page 72) pour que vos souhaits se réalisent plus rapidement.
- Si l'idée de lâcher prise vous rend nerveuse, prenez le temps de faire la lecture « où vais-je ? » (page 137) ou le rituel « les saisons changent et moi aussi » (page 123) pour en savoir plus sur ce que l'avenir vous réserve.

AIMEZ-MOI, AIMEZ-MOI : SORTILÈGE POUR FAIRE ENTRER L'AMOUR DANS VOTRE VIE

Comme je l'ai déjà dit plusieurs fois, les sortilèges d'amour ne sont pas éthiques, car ils sont jetés sans le consentement de la personne. Ce sortilège peut vous aider à attirer l'amour, si c'est ce que vous souhaitez. Comme vous allez le voir, les herbes n'y servent pas à préparer un philtre ni à faire une interprétation.

1 poignée de pétales de roses frais
1 c. à soupe d'huile de noix de coco
pilon et mortier
eau

Comment accomplir le sortilège

Étape 1 : écrasez les pétales de rose dans le mortier avec le pilon pour obtenir une pâte lisse.

Étape 2 : ajoutez l'huile de coco et mélangez bien.

Étape 3 : préparez-vous à prendre une douche ou un bain. Vous pouvez aussi tout simplement accomplir les étapes suivantes à proximité de votre salle de bain ou d'une bassine d'eau.

Étape 4 : prélevez un peu de pâte du bout des doigts et écrivez des mots sur votre peau (bras, jambes, ventre, ou vous voulez !). Écrivez ce que vous aimeriez que la relation vous apporte : humour, passion, stabilité, foyer, etc. Vous pouvez aussi dessiner un sigil, si vous préférez.

Étape 5 : lavez les mots avec de l'eau en imaginant qu'ils s'en vont dans l'univers, avec vos désirs.

Étape 6 : séchez-vous et poursuivez votre journée.

Pour une touche de magie

- Après avoir accompli ce sortilège, buvez le « philtre d'amour n° 9 » (page 76).
- Effectuez la lecture « qui sera mon prochain amour » (page 126) pour savoir qui va entrer dans votre vie.
- Accomplissez ce sortilège un vendredi, jour de Vénus.
- Vous pouvez remplacer les pétales de rose par des fleurs d'hibiscus, fleur associée à l'amour et au désir sexuel.
- Préparez cette pâte avant un rendez-vous amoureux et massez-vous avec pour amplifier la magie.
- N'oubliez pas que les sortilèges sont flexibles. Vous n'êtes pas obligée de dire exactement les paroles proposées et de suivre les différentes étapes à la lettre. Faites ce qui vous met le plus à l'aise.

7

C'EST ÉCRIT DANS LES ÉTOILES : TASSÉOMANCIE ET ASTROLOGIE

Hé, t'es de quel signe ? Nous sommes nombreuses à connaître notre signe astrologique et à lire des horoscopes, mais l'astrologie est bien plus complexe. C'est l'étude de la position astronomique des planètes, des astéroïdes et des étoiles et de leur corrélation avec des événements qui se produisent sur Terre. Elle est souvent employée pour la divination.

En effet, l'étude précise des mouvements des planètes peut permettre de comprendre de quelle manière les événements pourraient se dérouler et, même, de mieux nous comprendre nous-même.
Alors que vient faire la tasséomancie là-dedans ? Je serais étonnée que vous puissiez voir le cosmos dans votre tasse (et si c'est le cas, je vous conseille d'aller faire un tour chez l'ophtalmo !). Cependant, il est possible d'associer l'astrologie et la magie des herbes, en créant des mélanges particuliers ou en utilisant la roue du zodiaque pour prédire l'avenir grâce à une interprétation dans les feuilles de thé. Voici quelques méthodes pour combiner astrologie, phytothérapie et tasséomancie.

ASTROLOGIE ET TISANES

Les herbes renferment des propriétés magiques et chaque signe du zodiaque est associé à une ou plusieurs herbes. Les signes du zodiaque sont également associés à différentes parties du corps, et peuvent souffrir plus fréquemment de certains maux : par exemple, les maux de gorge sont fréquents chez les Taureaux et les maux de ventre courants chez les Vierges. Voici quelques propositions de mélanges d'herbes et de thés qui correspondent à la fois à la personnalité et aux besoins de chaque signe.
Les quantités indiquées permettent de préparer vingt-quatre tasses de chaque mélange.

Tour de magie

Goûtez également les mélanges associés à votre signe lunaire et à votre ascendant, il se peut que vous les préfériez.

BÉLIER (20 mars – 19 avril)

Courageux et confiant, le Bélier possède un appétit dévorant pour la vie. Il lui faut donc un mélange qui soit en accord avec sa nature fougueuse et qui nourrisse sa passion tout en apaisant son caractère lui aussi très marqué. Préférez les herbes qui soulagent les maux de tête, le signe du Bélier gouvernant la tête.

¾ de tasse de thé vert gunpowder
(le thé vert représente l'élément feu et soulage les maux de tête. Le thé vert gunpowder est stimulant. Il a un léger goût fumé.)
1 c. à café de cannelle en poudre
(associée au signe du Bélier et au feu, elle diminue la tension artérielle)
1 c. à café de clous de girofle entiers
(offre aux Béliers une protection bien nécessaire et repousse les mauvaises énergies)
½ c. à café de poivre rouge
(représente la couleur emblématique des Béliers et dissipe les blocages énergétiques)

TAUREAU (20 AVRIL-20 MAI)

Fiable, stable et plein de ressources, le Taureau a parfois la réputation d'être têtu. Il est sensuel et affectueux, une fois que l'on a réussi à briser son armure. Gouverné par Vénus, planète de l'amour, le Taureau a besoin d'un mélange riche, mais pas trop coûteux. Évidemment, les herbes qui soulagent les maux de gorge lui feront le plus grand bien.

½ tasse de thé noir à la vanille
(le thé noir est associé à la terre et la vanille à Vénus)
½ tasse de pétales de rose séchés
(associée à Vénus, la rose favorise la guérison, le charme, l'amour et la chance)
½ c. à café de cardamome moulue
(associée au Taureau, apporte guidance, sagesse et clarté d'esprit)
½ c. à soupe de thym frais ou séché
(soulage les maux de gorge et la toux)

GÉMEAUX (21 MAI-20 JUIN)

Curieux, drôles et connus pour leur bagout, les Gémeaux sont souples et adaptables, ce qui ce qui les portent à faire plusieurs choses en même temps, mais peut les rendre un peu superficiels, car ils ont des milliers d'idées à la minute. Les Gémeaux ont besoin d'un mélange en accord avec leur énergie et qui les aide à se concentrer pour pouvoir vraiment accomplir des choses.

⅓ de tasse de thé blanc
(associé à l'élément Air, il stimule la clarté d'esprit, la réalisation et la sagesse)
¼ de tasse de lavande séchée
(associée à la planète Mercure, elle contribue à soulager l'anxiété et favorise la relaxation)
¼ de tasse de menthe poivrée
(aide à soigner les infections des voies respiratoires supérieures, car le signe du Gémeaux gouverne les poumons, renforce la clarté d'esprit et les pensées positives)
¼ de tasse de citronnelle *(soulage l'anxiété, favorise la croissance émotionnelle et la clarté d'esprit)*

CANCER (21 JUIN-22 JUILLET)

Imaginatifs, encourageants et sentimentaux, les Cancers ont besoin d'un mélange d'herbes aussi délicat qu'eux tout en étant suffisamment stimulant pour contrer leur côté grognon. Protecteurs et empathiques, les Cancers possèdent des capacités psychiques qui ont tout à gagner à être stimulées.

¼ de tasse de thé oolong
(associé à l'élément Eau, il améliore la santé intestinale et favorise l'équilibre émotionnel, la sérénité et la divination)
¼ de tasse de verveine citron
(favorise l'amour, la force et protège contre les cauchemars)

¼ de tasse de bleuet séché
(soulage les congestions bronchiques, favorise la protection, la spiritualité, la croissance et la créativité, et colore la boisson en bleu, couleur associée au signe du Cancer)
¼ de tasse de feuilles de fraisier
(améliore la santé cardiaque, favorise l'amour, le bonheur et l'amitié)

LION (23 JUILLET-22 AOÛT)

Rois de la jungle, les Lions rappellent leur présence imposante avec leur style dramatique et leurs idées amusantes. Il leur faut un mélange aussi dynamique qu'eux, mais qui leur donne aussi le coup de fouet dont ils ont besoin quand ils auraient plutôt envie de paresser au soleil. Très généreux, ils prévoient toujours assez pour partager avec les autres, ce qui les rend aussi très fiers.

⅓ de tasse de thé vert
(améliore la santé cardiaque – le Lion gouverne le cœur –, associé à l'élément feu et à la passion, à l'énergie et à la pleine conscience)
⅓ de tasse de calendula séché
(associé au Soleil, planète qui gouverne le Lion, également très bon pour prendre soin de sa crinière de rêve)
¼ c. à soupe de zeste d'orange séché
(associé au Lion, favorise l'amour et la chance)
½ c. à soupe de gingembre séché
(renforce la confiance, l'énergie, la puissance personnelle et la passion)

VIERGE (23 AOÛT-22 SEPTEMBRE)

Analytiques, sensibles et toujours prêts à aider les autres, les Vierges sont aussi très nerveux (ils ont besoin d'avoir toujours quelque chose de prévu). Il leur faut un thé qui les détend et leur apporte de la tranquillité d'esprit. Ils apprécient aussi les thés et les herbes qui apaisent les maux de ventre et en ont toujours sous la main, car les Vierges sont très prévoyants.

½ tasse de thé noir sans théine *(associé à l'élément Terre, il soulage le stress et ralentit l'activité digestive, et sans théine pour que les Vierges puissent se reposer un peu)*
¼ de tasse de menthe verte séchée
(soulage les nausées, favorise les pensées positives, la guérison, la protection et la relaxation)
¼ de tasse de feuilles de mûrier
(apporte guérison, argent et protection)
1 c. à soupe de racine de réglisse séchée
(renforce le sentiment d'empouvoirement)

BALANCE (23 SEPTEMBRE-22 OCTOBRE)

Romantiques, séduisants et toujours élégants, les Balances ont besoin d'un thé délicat, qui enchante à la fois leurs papilles gouvernées par Vénus et leurs yeux. Il doit être composé de plusieurs ingrédients, pour leur éviter de devoir choisir. Sociables et justes, les Balances veillent toujours à ce que personne ne manque de rien.

⅓ de tasse de thé blanc
(associé à l'élément air, il aide à guérir les troubles cutanés, favorise la méditation, le bonheur et la protection)
⅓ de tasse de feuilles de rooibos
(excellent pour l'éclat du teint, favorise la force, la paix intérieure et l'ancrage, et crée une jolie couleur rose que les Balances adorent)
¼ de tasse de passiflore *(renforce l'amitié, l'amour et la paix)*
1 c. à soupe d'armoise
(bonne pour le foie, facilite la divination et le nettoyage spirituel)

SCORPION (23 OCTOBRE-22 NOVEMBRE)

Passionnés et déterminés, avec une touche de mystère, les Scorpions sont une force sur laquelle on peut compter. S'ils peuvent facilement se prendre de passion pour un mélange qui leur plait, ils ont besoin d'un thé aussi fort et séduisant qu'eux, à la fois mystérieux et tentant, qui les stimulera pendant qu'ils réfléchissent à leur prochain projet.

⅓ de tasse de thé oolong *(associé à l'élément Eau et à l'automne, il améliore l'humeur et favorise l'équilibre émotionnel et la divination)*
⅓ de tasse de fleurs d'hibiscus séchées
(contribue à combattre la dépression, soulage les crampes menstruelles – car le Scorpion gouverne le système reproducteur –, stimule le désir sexuel, la paix, la divination et la passion).
⅓ de tasse de feuilles de framboisier
(soulage les crampes, renforce la confiance, la guérison et la joie)
2 c. à café de ginseng en poudre
(améliore l'humeur, stimule la libido, associé au désir sexuel, à la vitalité, à la protection et aux désirs)

SAGITTAIRE (23 NOVEMBRE-21 DÉCEMBRE)

Optimistes, honnêtes et toujours partants pour l'aventure, les Sagittaires ont besoin de trouver le mélange qui nourrira leurs nombreux projets de voyages sur un coup de tête et leurs discussions philosophiques, tout en modérant leurs impulsions. Ce mélange aidera les Sagittaires à garder leur énergie, sans s'épuiser.

½ tasse de thé vert au jasmin *(le thé vert est associé à l'élément Feu, il favorise la pleine conscience et la clarté d'esprit et régule l'énergie, le jasmin est associé au signe du Sagittaire)*
⅓ de tasse de racine de pissenlit
(favorise la réalisation des souhaits, la chance et la divination)
1 c. à café de noix de muscade moulue
(favorise les voyages, la chance et les capacités psychiques)
2 étoiles d'anis *(favorise le bonheur, la chance et la protection)*

CAPRICORNE (22 DÉCEMBRE-19 JANVIER)

Ambitieux, disciplinés et responsables, les membres de ce signe de la terre par excellence sont toujours prêts à agir, il leur faut donc un mélange qui les aide à se sentir prêts à se mettre au travail, une boisson qui leur donnera de l'énergie pour accomplir leur projet de dominer le monde et qui les aidera à rester optimistes quant à la réalisation de leurs plans.

¼ de tasse de thé noir *(associé à l'élément Terre, il est bon pour la santé des os – le Capricorne gouverne le squelette –, favorise la stabilité et l'ancrage et repousse la négativité)*
¼ de tasse de camomille séchée *(évite l'ostéoporose, favorise la prospérité, l'amour et la paix)*
¼ de tasse de maté *(stimule l'énergie physique et mentale, associé à la clairvoyance, à la création de liens et à l'amitié)*
¼ de tasse de myrtilles séchées *(calme, passion, protection, associées à l'élément Terre)*

VERSEAU (20 JANVIER-18 FÉVRIER)

Indépendants, sympathiques et excentriques, les Verseaux sont toujours partants pour penser différemment avec leur attitude innovante. S'il leur arrive d'être un peu distants et imprévisibles, une boisson adaptée peut aider à les préparer et les réchauffer (surtout qu'ils ont toujours besoin de stimuler leur circulation sanguine).

⅓ de tasse de thé blanc *(associé à l'élément Air, au bonheur, à la sagesse, à la bénédiction et à la protection)*
⅓ de tasse de morceaux d'ananas *(associé à la créativité, au bonheur et à la mémoire)*
2 c. à soupe de graines de fenouil *(lutte contre le rhume, apporte courage, amour et divination)*
1 c. à soupe de curcuma frais râpé *(améliore la mémoire, soulage les symptômes de la dépression et favorise la protection et la bonne santé)*

POISSONS (19 FÉVRIER-20 MARS)

Imaginatifs, doux et presque trop désintéressés, les Poissons sont une source d'inspiration pour leur manière de traiter les autres avec gentillesse. Ils doivent cependant ne pas oublier de prendre soin d'eux, car leur nature propice au sacrifice et leur manque de sens pratique peuvent les rendre vulnérables. Ils ont besoin d'une boisson qui les aide à lever le pied et à se reposer.

⅓ de tasse de thé oolong
(associé à l'élément eau, améliore l'humeur, favorise l'équilibre émotionnel, la connexion, la sagesse, l'amitié et la sérénité)
⅓ de tasse de fleur de sureau séchée
(favorise la protection, la prospérité, la conscience psychique, l'ancrage, la joie et la guérison émotionnelle)
⅓ de tasse de mélisse séchée
(apporte le succès, la guérison et le développement spirituel)
2 c. à soupe de pomme séchée, en dés
(associée à l'amour, à la divination et à la spiritualité)

LECTURE EN FONCTION DE LA ROUE DU ZODIAQUE

En astrologie, les douze signes du zodiaque sont placés sur un cercle appelé roue du zodiaque ou roue astrologique. Cette roue est un peu comme une horloge, les planètes et astéroïdes s'y déplacent dans le sens horaire en passant par les sections correspondantes à tous les signes. C'est grâce à elle que nous pouvons établir nos thèmes de naissance, qui nous aident à comprendre notre avenir. Il est possible d'intégrer cette roue astrologique à vos lectures dans les feuilles de thé. Il existe d'ailleurs des tasses spécialement conçues pour la divination, dont l'intérieur est décoré des symboles des planètes et la sous-tasse de la roue astrologique. Vous pouvez également utiliser une tasse ordinaire, comme pour votre séance de divination habituelle. Voici quelques propositions de rituels.

LIRE ET PRÉVOIR L'ANNÉE À VENIR GRÂCE À L'ASTROLOGIE

Comme dans le rituel « l'année à venir » présenté page 120, vous pouvez prédire l'année qui arrive en utilisant la roue astrologique et en divisant votre tasse en douze sections, chacune correspondant cette fois à un signe et non à un mois. Si vous souhaitez une séance encore plus précise, suivez les indications ci-dessous.

tasse et sous-tasse
thé
(de préférence un mélange qui correspond à votre signe astrologique)
une copie du calendrier astrologique en cours
stylo et papier

La lecture

Étape 1 : divisez votre sous-tasse en douze sections, mentalement ou en la reproduisant sur une feuille, chacune correspondant à un signe. Divisez la tasse en sept sections représentant les planètes (en astrologie, le Soleil et la Lune comptent comme des planètes), comme ci-dessous :

Étape 2 : faites votre interprétation comme d'habitude, en laissant simplement un peu plus de thé à la fin pour qu'il en reste suffisamment pour qu'il coule sur la sous-tasse.

Étape 3 : pendant votre interprétation, soyez attentive à ce que vous voyez à la fois sur la sous-tasse et à l'intérieur de la tasse. Par exemple, s'il y a beaucoup de feuilles dans la section correspondant à Mercure, il se peut que Mercure rétrograde vous cause quelques problèmes cette année. Si vous observez une forme de bateau en Vierge et en Lion, cela peut indiquer que vous allez partir en voyage quand Vénus sera en Lion. Cette séance nécessite de faire beaucoup de suppositions. Faites preuve d'inventivité et n'ayez pas peur de vous tromper dans vos prédictions. Servez-vous du calendrier pour vous aider.

Pour une touche de magie

Alors que le calendrier classique débute le 1er janvier, l'année astrologique commence le 20 avril, au début de la période du Bélier. Si possible, faites donc cette séance à ce moment de l'année.

PRÉPARER UN THÈME ASTRAL

Après avoir essayé de savoir qui sera votre prochain amour, vous pouvez tenter d'établir son thème astral, celui de votre âme-sœur ou même celui de votre futur enfant. Ce n'est pas l'interprétation la plus simple, car il faut faire de nombreuses tentatives pour voir ce qui pourrait coller et avoir du sens. À partir du moment où vous ne fondez pas toute votre vie amoureuse sur ce que vous verrez dans votre tasse (et, je vous en supplie, ne faites pas ça !), c'est un exercice amusant et une manière de tester vos capacités de prédiction.

tasse et sous-tasse
thé
stylo et papier
application d'astrologie *(facultatif)*

La lecture

Étape 1 : comme pour la séance de prédictions pour l'année à venir, divisez votre sous-tasse en douze sections puis divisez la tasse en huit sections, l'anse indiquant l'ascendant.

Étape 2 : effectuez votre rituel de lecture dans les feuilles de thé. Vous pouvez visualiser votre partenaire ou votre enfant idéal tout en buvant le thé.

Étape 3 : procédez à la suite du rituel, en veillant à ce qu'il reste suffisamment de thé dans la tasse avant de la retourner pour que le thé coule jusqu'à la sous-tasse. Notez quels sont les signes et les planètes sur lesquels vous observez des feuilles et du thé. Par exemple, s'il y a beaucoup de feuilles dans la section du Taureau, il se peut que le thème astral en question compte de nombreuses planètes en Taureau. S'il y a plusieurs feuilles de thé au niveau du Soleil, de Mercure et de Mars, il est possible que le Soleil, Mercure et Mars se trouvent en Taureau dans ce thème astral. Soyez également attentive aux symboles. Si vous observez un cercle en Vénus et un cercle en Sagittaire, il se peut que Vénus se trouve en Sagittaire dans le thème astral de votre futur partenaire. Utilisez votre application d'astrologie pour voir si les associations que vous faites pourraient fonctionner. Par exemple, il est impossible qu'une personne Vierge ait Mercure en Bélier, car Mercure change de signe toutes les deux semaines (parallèlement aux périodes où il est en rétrograde), mais vous pouvez être Vierge et avoir une Lune en Bélier, car la Lune change de signe tous les deux jours. Faites des essais pour voir ce qui est logique ou non.

ROUE ASTROLOGIQUE : LES MAISONS

En plus des douze signes astrologiques, la roue astrologique contient aussi douze maisons, chacune étant gouvernée par un signe. Chaque maison représente des choses différentes.

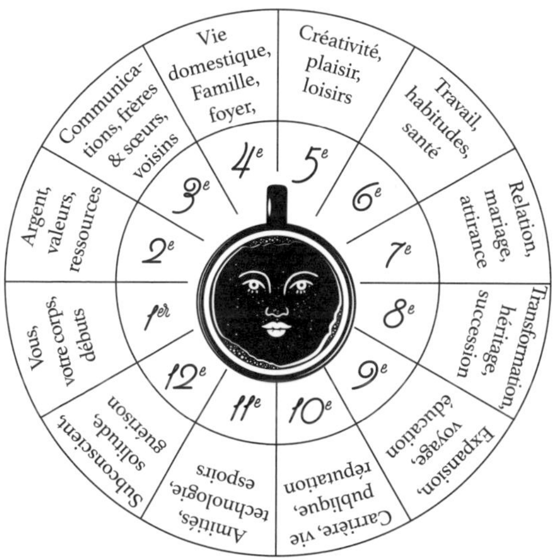

Alors que les deux autres rituels aident à prédire une date de rencontre et des traits de caractère, les maisons peuvent vous aider à répondre à certaines questions, telles que : quels domaines de ma vie ai-je besoin d'améliorer ? Quels domaines vont bientôt devenir une préoccupation majeure ? À quels domaines dois-je être plus attentive ? C'est un moyen de vous aider à réfléchir à différents aspects de votre vie et de voir comment vous pouvez vous venir en aide en ce moment, ou à l'avenir.

CONSEIL DE SORCIÈRE

Lorsque vous divisez votre tasse en douze sections pour les douze maisons, placez la quatrième maison au niveau de l'anse de la tasse, car c'est celle qui concerne le foyer et la famille et l'anse représente justement le foyer.

Une dernière touche de magie

Ça y est, nous avons terminé notre chemin ensemble. C'est la fin de ce livre, mais j'espère que ce n'est que le début de votre découverte de la magie des herbes, de la tasséomancie, de la sorcellerie en cuisine ou, plus simplement, de la magie présente en toute chose, que ce soit dans une tasse de thé ou dans les affirmations positives que vous vous répétez à vous-même. J'espère sincèrement que ce livre vous aura appris non seulement ce que symbolisent la menthe poivrée et la lavande, mais aussi comment prédire ce qui va vous arriver aujourd'hui en observant le fond de votre tasse ou comment voir la magie partout, et surtout dans le quotidien, et comment une pincée de cannelle dans votre café peut vous aider à affronter le monde. Et plus que tout, j'espère qu'il vous aura aidée à vous rappeler que vous aussi, vous êtes magique !

DICTIONNAIRE DES SYMBOLES

Des avions aux zèbres, si vous voulez décrypter les messages que vous envoient les symboles que vous voyez dans vos tasses, vous êtes au bon endroit ! Vous trouverez dans ce guide la signification générale de chaque symbole et de son emplacement dans votre tasse. N'oubliez jamais que votre interprétation a elle aussi son importance, car tout cela est très personnel. Si vous voyez un chien et que vous avez un chien, le symbole est certainement plus en rapport avec votre chien qu'avec une amitié. La tasséomancie parle de ce que l'univers essaie de vous dire. Les symboles sont des guides qui vous aident à raconter une histoire.

AGNEAU

Signification : l'agneau symbolise l'innocence, le printemps. C'est souvent un symbole positif, qui indique que de bonnes choses vont vous arriver sur le plan spirituel et physique. Il peut aussi représenter un enfant innocent ou une personne timide. *En haut de la tasse :* c'est l'occasion de prendre un nouveau départ, mais vous devez faire preuve de prudence. *Sur les parois de la tasse :* vous allez bientôt connaître le succès et la santé. *Au fond de la tasse :* ne laissez pas passer votre dernière chance ! *Au niveau de l'anse :* vous allez être en contact avec une personne timide. *Petit agneau :* représente un choix que vous devez faire et qui va provoquer un changement considérable dans votre vie. *Grand agneau :* peur de l'inconnu.

AIGLE

Signification : étant l'un des oiseaux les plus puissants, l'aigle est un symbole d'autorité, de pouvoir, de force et de dignité. *En haut de la tasse :* sentiment d'indépendance et de confiance au moment de prendre des décisions. Sentiment de confiance en vous et en la direction que prend votre vie. *Sur les parois de la tasse :* vous dirigez les autres de manière bien organisée. Pour que les décisions que vous prenez portent leurs fruits, vous devez avoir confiance. *Au fond de la tasse :* des problèmes de rapports de force et de contrôle pourraient entraîner des conflits importants. *Au niveau de l'anse :* restez concentrée et à l'écoute.

ALLIGATOR

Signification : quand on aperçoit un alligator, on aurait plutôt envie qu'il disparaisse. Il symbolise le danger et la malchance sur le plan personnel. Il peut aussi indiquer qu'une personne dont vous êtes proche est responsable de vos problèmes et qu'elle n'est pas celle qu'elle prétend être. *En haut de la tasse :* faites-vous aider pour vous sortir d'une relation difficile. *Sur les parois de la tasse :* soyez sur vos gardes. Un ami pourrait bien devenir un ennemi. *Au fond de la tasse :* vous vous battez contre des ennemis cachés. *Au niveau de l'anse :* vous allez devoir réagir rapidement à une situation difficile sur le plan professionnel.

AMPOULE

Signification : l'ampoule symbolise généralement une bonne idée, le fait de trouver une solution à un problème, une illumination soudaine, le fait de voir les choses d'une nouvelle perspective. *En haut de la tasse :* vos efforts ne sont pas vains, vos bonnes idées seront récompensées. *Sur les parois de la tasse :* difficultés et obstacles sont à prévoir. Blocage sur le plan créatif. Soyez attentive aux choses qui se cachent dans l'ombre. *Au fond de la tasse :* commencez avec un objectif simple, de petite ampleur, afin de pouvoir réaliser de grandes choses le moment venu. *Au niveau de l'anse :* découverte bienvenue. Une chose cachée dans un coin de votre esprit va enfin faire surface. Ce que vous pensiez perdu est soudain retrouvé !

ANCRE

Signification : quand elle est à l'endroit, l'ancre est généralement un symbole favorable, qui représente des amis bons et loyaux, des relations amoureuses stables et le fait que des rêves se réalisent. Si vous êtes en mer, elle signifie souvent que vous êtes en sécurité. En revanche, si elle est à l'envers, elle peut indiquer une instabilité et une sensation de couler ou de se noyer. Vous allez devoir vous débrouiller seule. *En haut de la tasse :* elle peut symboliser des progrès dans des relations, notamment commerciales, amicales ou amoureuses. Vous grimpez des échelons. Toutefois, elle constitue aussi un avertissement : votre bonheur ne doit pas dépendre des autres. *Sur les parois de la tasse :* vous allez devoir prendre des décisions importantes en ce qui concerne votre travail ou votre entreprise. C'est vraiment un moment décisif. Cela peut aussi vouloir dire que vous allez voyager par bateau. *Au fond de la tasse :* si l'ancre est proche du fond de la tasse, mais pas au centre, elle indique de l'instabilité dans vos relations et des turbulences à venir. Si elle est au milieu du fond de la tasse, cela signifie que vous trouverez une solution à vos problèmes si vous demandez de l'aide à vos amis. *Au niveau de l'anse :* chance et issue favorable. *Ancre entourée de points :* retroussez-vous les manches et mettez-vous au travail !

ÂNE

Signification : à première vue, vous pouvez penser que la tasse vous dit que vous êtes bête (c'est peut-être le cas !), mais l'âne indique que vous devez faire preuve de patience, notamment pour tout ce qui touche à l'argent. Il peut aussi vouloir dire que vous devez travailler dur. *En haut de la tasse :* vous devez vous faire votre propre avis et ne pas vous fier aveuglément à ce que les autres pensent ou croient. *Sur les parois de la tasse :* il symbolise la chance. La situation va s'améliorer dans un futur proche. *Au fond de la tasse :* pour surmonter vos problèmes, vous devrez travailler dur et être patiente. *Au niveau de l'anse :* vie heureuse.

ANGE

Signification : symbole très positif, qui représente de bonnes nouvelles sur les plans amoureux et créatif. Il peut aussi symboliser la protection spirituelle, le soutien moral et financier. *En haut de la tasse :* meilleure intuition, productivité et apaisement dans votre vie en général. *Sur les parois de la tasse :* une bonne nouvelle arrive ! *Au fond de la tasse :* il annonce une maladie à venir, vous ou l'un de vos proches allez tomber malade. *Au niveau de l'anse :* vous risquez d'être blessée sur le plan émotionnel par une personne à laquelle vous tenez.

ANNEAU

Signification : un anneau représente souvent un engagement et/ou un mariage… Préparez les alliances ! Il symbolise aussi la confiance, la fidélité ou la conclusion de quelque chose… le « ils vécurent heureux » des contes de fées. *En haut de la tasse :* mariage rapide, qui aura lieu très bientôt, mais pourrait ne pas durer. *Sur les parois de la tasse :* un ami va vous faire un cadeau. *Au fond de la tasse :* mariage qui va durer. *Au niveau de l'anse :* mariage ou demande en mariage dans les six mois à venir. *Anneau brisé :* rupture compliquée. Cœur brisé.

AVION

Signification : l'avion évoque souvent l'idée du voyage (et il se peut que vous partiez bientôt en voyage), mais il symbolise en réalité une visite inattendue ou l'arrivée d'un projet qui vous sera favorable, ou non… *En haut de la tasse :* une évolution de carrière se profile très prochainement. *Sur les parois de la tasse :* travail à accomplir que vous évitez, projets inachevés. *Au fond de la tasse :* projets qui se passent mal, perte d'argent ou d'une source de revenus, quelque chose vous retient. *Au niveau de l'anse :* vous allez avoir des nouvelles d'une personne qui vit loin. *Avion qui s'écrase :* évitez de vous retrouver sur le devant de la scène en ce moment. À partir de maintenant, gardez votre vie privée pour vous. *Avion entouré de nuages :* vivez votre vie avec passion.

BAGUETTE MAGIQUE

Signification : la baguette magique est associée à la magie et au fait de la pratiquer : manifestation, création et réalisation de rêves. Elle représente le fait de créer notre propre réalité, de créer quelque chose à partir de rien. Dans le tarot, la suite des bâtons est associée à l'énergie, la spiritualité, l'inspiration, la détermination, l'intuition et la créativité. Ambitieuse et imprévisible, elle est associée à l'élément feu. *En haut de la tasse :* vous sentez que vous avez des dons de voyance ou allez rencontrer quelqu'un qui en possède. Des sentiments de déjà vu pourraient créer des problèmes plus tard. *Sur les parois de la tasse :* il est possible que des personnes vous empêchent de réussir. Fin d'une relation. *Au fond de la tasse :* un éveil spirituel vous attend. Votre vie pourrait changer du tout au tout. *Au niveau de l'anse :* nouveau départ, rêves qui se réalisent, vous allez vivre vos rêves.

BARRIÈRE

Signification : les barrières sont faites pour empêcher les gens de passer et pour marquer votre propriété et la protéger. C'est à cela que correspondent les barrières que vous observez dans votre tasse. Vous interdisez volontairement à des personnes d'entrer dans votre vie et vous protégez ce qui vous appartient. Les barrières peuvent aussi représenter des obstacles. *En haut de la tasse :* ravalez votre fierté et demandez de l'aide. *Sur les parois de la tasse :* réussite commerciale et bonne santé. *Au fond de la tasse :* des opportunités cachées seront révélées dans le futur. *Au niveau de l'anse :* vous allez devoir surmonter certaines difficultés. *Barrière cassée :* vous laissez enfin entrer les gens dans votre vie.

BATEAU

Signification : un bateau peut représenter le voyage. Il est possible que vous partiez en voyage ou qu'un ami vienne bientôt vous rendre visite. *En haut de la tasse :* un ami proche va venir vous voir dans quelques jours. Cela peut aussi indiquer un voyage à l'étranger. *Sur les parois de la tasse :* un voyage vous ferait beaucoup de bien, physiquement et moralement. *Au fond de la tasse :* les émotions des autres pourraient bien prendre le dessus sur vous. Prenez du temps pour vous seule. *Au niveau de l'anse :* vous allez découvrir un nouveau passe-temps. Vous éprouverez peut-être des difficultés au départ, mais vous finirez par réussir.

BÉBÉ

Signification : la première chose qui risque de vous venir à l'esprit si vous voyez un bébé, c'est un bébé.Mais avant de vous précipiter dans les magasins pour acheter des vêtements de bébé et choisir un prénom (ou de paniquer), détendez-vous. La lecture dans les feuilles de thé n'est pas un test de grossesse ! En tasséomancie, un bébé peut représenter un vrai bébé, mais aussi un nouveau projet, un nouveau départ et des moments heureux. Une dose de joie supplémentaire dans votre vie. *En haut de la tasse :* de nouvelles opportunités vont se présenter à vous très bientôt. Vous allez retrouver de la gaieté après une période de négativité. Possibilité de grossesse (mais ce n'est pas un test de grossesse !). *Sur les parois de la tasse :* réussite dans tout ce que vous entreprenez. *Au fond de la tasse :* besoin de renaissance, dans n'importe quel domaine. Certains besoins spirituels ou matériels ne sont pas satisfaits. De nouvelles opportunités entraînent des difficultés. *Au niveau de l'anse :* besoin d'assumer de nouvelles responsabilités.

BOUGIE

Signification : les bougies peuvent représenter l'éveil, la paix et une célébration éventuelle. Que vous ayez besoin de connaissances ou d'éclairage sur certains points, de trouver comment vous relaxer ou de célébrer la vie (surtout quand elle ressemble à une bougie d'anniversaire), c'est un symbole positif. *En haut de la tasse :* des gens vous demandent conseil. *Sur les parois de la tasse :* vous devez terminer certaines corvées ou tâches. *Au fond de la tasse :* vous avez besoin de paix, vous êtes en contact avec des personnes stressantes. Vous avez besoin d'éclairage sur une situation afin de pouvoir la comprendre et la résoudre. *Au niveau de l'anse :* désir d'ardent de vivre une histoire d'amour.

BOUQUET

Signification : il y a de l'amour dans l'air (et dans votre tasse !) : le bouquet représente des moments heureux à venir, des relations positives, des succès et de la chance en amour. Il peut aussi symboliser le mariage. *En haut de la tasse :* bonheur à venir ! Période propice aux demandes en mariage, coups de foudre. Sentiment d'être aux anges. *Sur les parois de la tasse :* vous devez vous concentrer sur vos relations. *Au fond de la tasse :* vous devez travailler afin de prendre conscience de votre véritable potentiel. Voie vers le rétablissement. *Au niveau de l'anse :* vous refusez de voir l'amour ou une idylle. Problèmes avec l'engagement.

BOUTEILLE

Signification : une bouteille peut signifier beaucoup de choses différentes (un biberon n'a pas du tout la même signification qu'une bouteille de vin). En général, cela indique un besoin de faire attention à sa santé, de se rétablir. Elle peut aussi signifier que vous réfléchissez à votre avenir. *En haut de la tasse :* problèmes à régler avec des clients ou des amis. *Sur les parois de la tasse :* votre santé s'améliore, mais votre rétablissement pourrait prendre du temps. *Au fond de la tasse :* un nouveau départ est pour très bientôt. *Au niveau de l'anse :* bonne santé à long terme. *Biberon :* vous allez être confrontée à une personne très puérile. *Bouteille de vin :* vous traversez une période difficile.

BUS

Signification : tous à bord ! Prochain arrêt : le futur ! Un bus est un symbole positif, qui indique que vous allez avancer dans votre vie et passer à la phase suivante. Si vous traversez une période tendue ou d'incertitude, vous pourrez faciliter la transition en travaillant dur. *En haut de la tasse :* vous attendez avec impatience des résultats ou qu'une décision soit prise. *Sur les parois de la tasse :* des gens ont envie de vous aider à atteindre vos objectifs. *Au fond de la tasse :* vous aurez peut-être besoin de plus de temps pour atteindre vos objectifs. *Au niveau de l'anse :* bonnes nouvelles à venir.

CAGE

Signification : la cage représente le sentiment d'être pris au piège par une personne ou une situation. Ce n'est pas le symbole le plus positif qui soit... Il se peut que vous vous sentiez incapable de vous échapper ou bloquée dans une situation difficile. *En haut de la tasse :* vous avez la sensation d'être incapable de communiquer ce que vous ressentez aux autres, de cacher vos émotions. Vous avez besoin d'honnêteté et de vulnérabilité émotionnelle. *Sur les parois de la tasse :* vous vous enlisez dans une situation négative, car vous pensez que cela finira par porter ses fruits, mais vous vous trompez. *Au fond de la tasse :* il se peut que quelqu'un cherche à vous attirer dans un piège. Vous vous sentez perdue et désespérée. *Au niveau de l'anse :* mariage de convenance.

CHAPEAU

Signification : dans la vie, un chapeau sert à se protéger des éléments (ou à cacher qu'on n'a pas réussi à se coiffer). Il peut donc représenter la protection et la dissimulation. Les chapeaux peuvent aussi symboliser des personnes précises, notamment si vous connaissez quelqu'un qui porte toujours un chapeau.

En haut de la tasse : ami déloyal. *Sur les parois de la tasse :* opportunité d'améliorer votre situation financière. *Au fond de la tasse :* un nouvel amour va entrer dans votre vie. *Au niveau de l'anse :* faites-vous des alliés ou entourez-vous de personnes désireuses de vous aider, les problèmes arrivent.

CHIEN

Signification : meilleur ami de l'homme, le chien symbolise la loyauté, la camaraderie et l'amitié. Si vous apercevez un chien dans votre tasse, il peut représenter la paix. Sa position peut aussi indiquer combien de temps celle-ci va durer, et si des soucis se profilent à l'horizon. Soyez prudente : il peut être plus dangereux qu'il n'y parait. *En haut de la tasse :* vous êtes la cheffe de la meute en ce moment. Tout vous réussit, continuez comme ça ! *Sur les parois de la tasse :* plusieurs possibilités s'offrent à vous. Soit vous continuez seule, soit vous construisez une communauté solide. N'oubliez pas que les chiens sont des animaux qui vivent en meute… vous réussirez bien mieux si vous restez en groupe ! *Au fond de la tasse :* il peut être signe de malchance. Vous vous trouvez au bout de la chaîne alimentaire et vous pourriez être très mal vue par les autres. Il peut aussi annoncer une rupture, une maladie ou un autre événement malheureux. Méchant chien ! *Au niveau de l'anse :* une personne de votre entourage est très loyale et restera auprès de vous, quoi qu'il se passe. *Chien entouré de traits :* amis dont vous êtes éloignés et jalousie de la part des autres.

CŒUR

Signification : le cœur est l'un des symboles universels de l'amour. En apercevoir un dans une tasse fait référence à une histoire d'amour, à l'amour et aux émotions. Il représente la passion, la loyauté, la vérité, le bien-être, la connexion et l'amour sous toutes ses formes. *En haut de la tasse :* l'amour est présent dans votre vie et vous vous sentez bien ! *Sur les parois de la tasse :* une idylle va prendre une place centrale dans votre vie très bientôt. *Au fond de la tasse :* chagrin, infidélité, quelqu'un joue un jeu avec vous. Soyez prudente. *Au niveau de l'anse :* un nouvel amour va entrer dans votre vie… Et c'est le bon ! *Lignes discontinues autour d'un cœur :* cœur brisé, quelqu'un va vous briser le cœur. *Deux cœurs :* mariage ! (En particulier s'il y a des lettres à côté, qui peuvent être les initiales d'une personne.)

ÉLÉPHANT

Signification : dans la plupart des régions du monde, l'éléphant est considéré comme un animal porte-bonheur. Il est souvent de bon augure d'en voir un lors d'une lecture. L'éléphant est symbole d'honneur, de force, de stabilité, de patience et de chance. Il peut aussi représenter la mémoire, car « un éléphant n'oublie jamais rien ». *En haut de la tasse :* vous allez avoir de la chance très bientôt. *Sur les parois de la tasse :* fiabilité, dignité et puissance. *Au fond de la tasse :* vous allez réussir, mais un peu plus tard que vous le pensiez. *Au niveau de l'anse :* vie heureuse, mais assortie de grandes responsabilités.

ÉPÉE

Signification : cette vision peut être un peu rude, mais sa signification n'est pas violente (et personne ne vous provoque en duel, rassurez-vous !). L'épée représente le pouvoir et l'autorité, c'est un symbole de force et de courage. Dans le tarot, la suite des Épées représente la logique, les idées, le processus de réflexion, la clarté d'esprit. Elle est associée à l'élément air. Les épées peuvent aussi symboliser le fait de rompre les liens avec quelqu'un. *En haut de la tasse :* votre pouvoir et votre autorité sont en train d'être reconnus et les gens vous admirent. C'est le moment de protéger et aider les autres. *Sur les parois de la tasse :* quelqu'un va vous demander de l'aide et des conseils dans un futur proche.
Au fond de la tasse : c'est vous qui allez avoir besoin de l'aide des autres. Vous vous sentez impuissante et démunie. Demandez conseil à une personne plus âgée et plus expérimentée. *Au niveau de l'anse :* avoir de bonnes idées, logiques, vous aidera à démontrer votre puissance personnelle. Fait d'être la « boss ».

ÉTOILE

Signification : quand vous faites un vœu en apercevant une étoile filante, ou quand vous en voyez une dans votre tasse, elle représente l'espoir ou les souhaits qui se réalisent. Manifestation, rêves et nouvelles possibilités. Dans le tarot, la carte de l'Étoile représente l'espoir, la foi et l'objectif. Faites très attention au nombre de lignes qui composent l'étoile. Si elle a trois pointes, elle représente la chance, mais si elle en a quatre, elle vous avertit d'un danger soudain. *En haut de la tasse :* vous avez atteint vos objectifs et vous êtes prête à embarquer pour un nouveau voyage, une nouvelle aventure. Gardez la tête haute, vous serez victorieuse. Cela peut aussi indiquer que vous êtes considérée comme un modèle au sein de votre communauté. *Sur les parois de la tasse :* vos désirs sont à votre portée, vous devez simplement travailler un peu plus pour franchir la ligne d'arrivée. Restez organisée pour accomplir les choses dans les temps. *Au fond de la tasse :* vous devriez revoir vos objectifs, la manière dont vous envisagez votre vie n'est pas réalisable actuellement. Vous avez besoin que des amis vous donnent un coup de main pour vous organiser, car le désordre règne dans votre vie. *Au niveau de l'anse :* faites un vœu ! L'un de vos rêves va enfin se réaliser ! *Éparpillées dans la tasse :* grande gagnante ! Vous réalisez vos rêves et vos vœux vont se réaliser. Bénédiction.

FÉE

Signification : je crois en l'existence des fées, surtout celles que je vois dans ma tasse ! La fée souvent de très bon augure car elle indique que vous allez très bientôt bénéficier d'un peu de magie. *En haut de la tasse :* certains de vos rêves vont bientôt devenir réalité, car vous devez prendre une décision très importante. Cela peut aussi indiquer une certaine liberté en ce qui concerne l'argent. *Sur les parois de la tasse :* c'est le moment de vous fixer des objectifs pour réaliser vos rêves. *Au fond de la tasse :* vous devriez vraiment réfléchir à une proposition qu'on vous a faite. Devriez-vous l'accepter ? Est-ce que ça en vaut la peine ? *Au niveau de l'anse :* une personne pleine de bonnes intentions va bientôt entrer dans votre vie.

FEUILLE

Signification : vous voyez bien sûr beaucoup de feuilles dans votre tasse, mais si ces feuilles forment une feuille, c'est souvent symbole de chance, de bonne santé et de prospérité. *En haut de la tasse :* le bonheur se profile. *Sur les parois de la tasse :* vos soucis vont bientôt se terminer. *Au fond de la tasse :* vous avez besoin de tourner une page et de passer à autre chose afin d'amener des changements positifs dans votre vie. *Au niveau de l'anse :* la situation va très vite s'améliorer.

FLÈCHE

Signification : présentez arme, en joue, tirez ! La flèche symbolise la direction, le mouvement et le progrès. Lorsqu'on lance une flèche, on doit viser, tendre l'arc et lâcher pour que la flèche monte dans les airs. Cela peut représenter le mouvement de la vie, le fait de connaître son objectif et d'être déterminée à y parvenir. Mais la flèche symbolise aussi le besoin d'autodiscipline. En effet, si vous n'êtes pas concentrée au moment de viser, vous pourriez tirer dans la mauvaise direction ou blesser quelqu'un. En astrologie, le Sagittaire est représenté par un archer. La flèche peut donc également symboliser la présence d'une personne du signe du Sagittaire. *En haut de la tasse :* de bonnes nouvelles arrivent, souvent en rapport avec une histoire d'amour ou le fait d'avoir fait un bon choix, qui a eu un impact positif sur d'autres gens. *Sur les parois de la tasse :* vous pourriez être submergée d'émotions et vous sentir un peu perdue, ne pas savoir dans quel sens aller. *Au fond de la tasse :* vous avez le pouvoir de changer le cours de votre vie. Votre destin est entre vos mains. Tout ce que vous devez faire, c'est définir votre objectif et avancer. Vous avez du pouvoir, n'hésitez pas à l'utiliser. *Au niveau de l'anse :* période riche en émotions. Vous êtes connectée à vos proches et à ceux que vous aimez. *Sens de la flèche :* le sens de la flèche est tout aussi important que sa localisation. Si elle pointe vers le haut, vous allez dans le bon sens et votre objectif est le bon. Si elle pointe vers le bas, vous avez perdu votre objectif de vue, ou vous êtes dans une impasse.

GLAND

Signification : symbole souvent favorable, qui représente un nouveau départ ou le fait de « planter une petite graine » pour que quelque chose grandisse. Il symbolise la liberté et le fait d'avoir le pouvoir de donner vie à des choses, qu'il s'agisse de projets créatifs, de richesse, de renouveau spirituel. *En haut de la tasse :* nouveau départ, naissance d'un élément important dans votre vie : enfant, relation, entreprise ou projet créatif. Occasion importante. *Sur les parois de la tasse :* réussite entrepreneuriale et bonne santé. *Au fond de la tasse :* si vous avez raté une occasion récemment, vous aurez peut-être une seconde chance ! *Au niveau de l'anse :* vous pourriez avoir une rentrée d'argent, probablement d'ici deux ou trois mois. L'argent améliorera votre vie. *Gland brisé :* si le gland est brisé,vous pourriez éprouver des difficultés à réussir vos nouveaux projets et devoir trouver un nouveau moyen de les réaliser.

HACHE

Signification : quand vous voyez une hache dans votre tasse, c'est qu'il est temps de trancher : de faire sortir des personnes toxiques de votre vie ou de trouver un accord sur des questions importantes. Cela peut aussi indiquer que vous allez surmonter des problèmes, prendre l'ascendant et gérer tout ce qui se présente. Vous maîtrisez la situation. ***En haut de la tasse :*** vous avez besoin de guérir des blessures survenues il y a longtemps. Vous essayez de passer à autre chose après avoir ressenti de la colère et de la tristesse. ***Sur les parois de la tasse :*** besoin d'avoir recours à la créativité pour surmonter une période difficile sur le plan émotionnel. ***Au fond de la tasse :*** problèmes familiaux, tentative de se sortir d'une situation difficile, besoin de prendre le contrôle de votre vie. ***Au niveau de l'anse :*** vous avez toutes les cartes en main pour surmonter vos problèmes actuels.

MARTEAU

Signification : le marteau peut avoir plusieurs significations : pouvoir, force, virilité et détermination. Il peut signifier que vous tapez fort pour affirmer votre puissance et montrer votre force aux autres. Sa présence peut indiquer que vous obtiendrez ce que vous voulez, mais que vous devrez travailler dur pour y parvenir. ***En haut de la tasse :*** vous devez réparer quelque chose dans votre vie. ***Sur les parois de la tasse :*** reprenez contact avec des personnes que vous avez perdues de vue. ***Au fond de la tasse :*** vous devez être bien concentrée sur ce que vous faites, sinon votre travail en pâtira. ***Au niveau de l'anse :*** vous allez devoir travailler dur.

MENOTTES

Signification : aïe ! Les menottes n'annoncent jamais rien de bon (sauf si c'est votre truc…), mais les apercevoir dans votre tasse de thé ne signifie pas que la police arrive. Les menottes indiquent que vous vous sentez empêchée de réussir et incapable de faire ce que vous voulez, une perte de pouvoir, la présence d'ennemis qui vous étouffent. ***En haut de la tasse :*** réticence à avancer dans la vie. Vous êtes stressée et incapable d'aller de l'avant. *Sur les parois de la tasse :* incapacité à gagner l'argent dont vous avez besoin. *Au fond de la tasse :* opportunité de renaissance dans le futur proche. *Au niveau de l'anse :* réussite si vous parvenez à vous sortir d'une situation difficile.

MOULIN À VENT

Signification : les moulins à vent sont de bon augure, ils représentent souvent le succès après une longue période de lutte et de travail acharné. Ils peuvent aussi symboliser la renaissance, car le moulin tourne sans cesse. *En haut de la tasse :* volonté de travailler dur pour faire ce qu'il faut faire. Cela peut représenter une personne à l'esprit pratique, terre-à-terre. *Sur les parois de la tasse :* certaines personnes ont besoin de votre aide et de vos conseils. Peut aussi indiquer que votre situation va s'améliorer d'ici peu de temps. Idée que l'on obtient ce qui est juste. *Au fond de la tasse :* vie d'aventure, de voyage et d'enthousiasme. Sentiment d'être libre et capable d'aller et venir à votre guise. *Au niveau de l'anse :* vous allez devoir travailler très dur pour vous sortir d'une situation. Ayez-confiance entre votre puissance et n'ayez pas peur de demander de l'aide.

NOTE DE MUSIQUE

Signification : votre tasse vous chante une chanson ! C'est un symbole très agréable, surtout si vous savez lire une partition, car il pourrait évoquer une chanson précise. En règle générale, les notes de musique représentent l'honnêteté et les histoires d'amour. *En haut de la tasse :* période paisible dans vos amours et relations. *Sur les parois de la tasse :* peut-être un nouveau foyer en perspective. *Au fond de la tasse :* découverte majeure et révélation spirituelle. *Au niveau de l'anse :* besoin de dire la vérité.

NUAGE

Signification : les nuages représentent souvent un manque de clarté à propos de certaines questions, qui se manifeste généralement par une impression de cerveau embrumé, des erreurs de jugement, le fait de mal se rappeler de détails et un manque d'intuition. Il se peut que vous ayez du mal à prendre des décisions, car vous ne connaissez pas tous les faits ou vous ne comprenez pas bien une situation. *En haut de la tasse :* vous allez devoir prendre une décision importante ou vous fixer un objectif afin d'être en mesure de faire le bon choix pour vous. Vous cherchez un sens à votre vie. *Sur les parois de la tasse :* vous éprouvez des difficultés à définir vos objectifs, vous vous sentez désorientée. Vous avez du mal à mener des choses à bien. *Au fond de la tasse :* pour avancer dans la vie, vous avez besoin d'examiner votre passé et de comprendre comment vous êtes arrivée dans cette situation. Cela peut laisser penser que vous avez tendance à vouloir éluder le passé, que vous avez besoin de clarté ou besoin de guérir une blessure pour pouvoir avancer. *Au niveau de l'anse :* confusion. Ce n'est pas le meilleur moment pour faire confiance à votre jugement, car vous ne voyez pas les choses clairement.

OISEAU

Signification : l'oiseau est toujours un symbole positif, qui représente le voyage et la protection contre les forces négatives, le signe qu'un changement va survenir dans votre vie. À l'instar des oiseaux qui migrent au cours de l'année, vous allez prendre votre envol et entamer un nouveau voyage. *En haut de la tasse :* vous pouvez prendre votre envol maintenant, vous êtes protégée. *Sur les parois de la tasse :* c'est le bon moment pour voyager. *Au fond de la tasse :* un danger pourrait se présenter sur votre route. Ce n'est pas le meilleur moment pour voyager, car vous devez rester sur vos gardes. *Au niveau de l'anse :* de nouveaux départs se profilent. Un changement majeur, et positif, se profile à l'horizon. *Oiseaux en vol :* sortie d'une situation délicate. Libération. *Oiseau en cage :* vous vous sentez prise au piège. *Nid d'oiseau :* bonheur au sein de votre foyer et dans vos relations intimes.

OVALE

Signification : il est très fréquent de voir des ovales ou des cercles ouverts. Ils représentent généralement le développement personnel et un rétablissement.

En haut de la tasse : révélation personnelle en privé. *Sur les parois de la tasse* : nouvelle opportunité commerciale. *Au fond de la tasse* : bonnes nouvelles en rapport avec la santé, que vous attendiez depuis longtemps. *Au niveau de l'anse* : paix dans le foyer, drame familial touchant à sa fin.

PAPILLON

Signification : le papillon symbolise la transformation physique, spirituelle et émotionnelle. Une période de croissance et de renaissance. *En haut de la tasse* : C'est la meilleure localisation pour le papillon, elle indique que le bonheur n'est pas loin. Elle peut aussi représenter un éveil spirituel ou un renforcement de l'intuition. *Sur les parois de la tasse* : il peut symboliser le fait que vous avez des difficultés à vous connecter à l'être aimé ou que la situation dans laquelle vous vous trouvez actuellement (environnement, travail, relations, etc.) ne vous convient plus et qu'il est temps de passer à autre chose et d'évoluer. *Au fond de la tasse* : vous avez besoin de faire immédiatement un travail spirituel pour connaître votre véritable potentiel. Trouver le bonheur dans le quotidien. *Au niveau de l'anse* : il est possible que vous cachiez certains côtés de votre personnalité aux autres. Une forme d'autoprotection, comme un cocon.

PARAPLUIE

Signification : le parapluie suggère souvent que le soulagement est proche, même quand vous l'attendiez le moins. *En haut de la tasse* : affrontez les problèmes en toute confiance, vous êtes protégée. *Sur les parois de la tasse* : gardez votre vie privée secrète pendant quelque temps. *Au fond de la tasse* : demandez de l'aide à des personnes éloignées. *Au niveau de l'anse* : demandez de l'aide à votre famille.

PHARE

Signification : les phares guident les navires jusqu'aux quais. Quand nous en voyons un dans une lecture, cela indique qu'il nous montre la voie. Le phare symbolise une présence bienveillante, que vous suiviez quelqu'un ou soyez en train de devenir un leader pour d'autres. Il peut aussi indiquer que vous traversez une période riche en émotions et que vous vous battez pour ce en quoi vous croyez. Vous êtes mise à l'épreuve, mais vous devez tenir bon et continuer à éclairer votre voie à travers le brouillard. *En haut de la tasse :* pour accomplir ce que vous devez accomplir, vous allez devoir faire preuve de culot et d'imagination. Si vous avez des problèmes, demandez conseil. *Sur les parois de la tasse :* une opportunité commerciale prometteuse va grandement améliorer vos finances. *Au fond de la tasse :* vous avez besoin d'harmonie dans vos relations de longue date. Vos croyances et vos principes vont être remis en question et éprouvés. Une personne inexpérimentée pourrait vous demander conseil au travail. *Au niveau de l'anse :* faites attention aux personnes qui font semblant d'être vos amies et qui vous compliquent la situation au travail.

PIÈCE

Signification : la première chose à laquelle vous pensez quand vous apercevez une pièce dans votre tasse, c'est à l'argent, et vous avez raison. Les pièces représentent l'argent, la richesse et les questions d'ordre financier. Mais ce n'est pas tout. Dans le tarot, les pièces, ou pentacles, représentent le monde matériel et physique, les questions en rapport avec notre santé, notre travail, notre carrière, notre environnement et notre créativité. Associées à l'élément terre, elles représentent aussi la fertilité. *En haut de la tasse :* attendez-vous à la fortune ou à un gain financier. À être capable de prendre le contrôle de vos finances et à faire preuve de souplesse dans votre vie privée. *Sur les parois de la tasse :* votre travail a payé : vous allez obtenir une promotion ou une augmentation. Votre carrière avance. *Au fond de la tasse :* changement dans votre environnement. Il se peut que vous déménagiez, économisiez de l'argent ou que vous décidiez de garder votre vie privée pour vous. *Au niveau de l'anse :* période de créativité intense, de partenariats commerciaux, de réussite. *Taille de la pièce :* plus elle est grosse, plus vous allez gagner une somme importante.

PLUME

Signification : alors que la plume évoque la légèreté, le fait d'en apercevoir une dans votre tasse peut annoncer des problèmes graves et conséquents. Les plumes sont souvent associées à la spiritualité et à l'apprentissage d'une vérité supérieure. Elles peuvent aussi représenter une conscience de tout ce qui touche à la magie et une période d'introspection. *En haut de la tasse :* vous progressez sur la voie de la spiritualité. Quand elle se trouve *sur les parois de la tasse :* vous devez prendre les choses avec plus de légèreté. Quand elle se trouve *au fond de la tasse :* vous sur-analysez tout, vous êtes stressée. Vous avez besoin de faire une pause. *Au niveau de l'anse :* vous avez besoin de motivation, vous avez l'impression de ne pas faire les bons choix.

POINTS

Signification : il est très fréquent de voir des points lorsqu'on lit dans les feuilles de thé, car les feuilles ressemblent parfois à des points, et à rien d'autre. Cela ne signifie pas que vous n'avez pas assez d'imagination ni que votre lecture ne se passe pas comme il faudrait. En réalité, les points et leur localisation ont une signification particulière. *En haut de la tasse :* importante rentrée d'argent et belle reconnaissance de la part des autres. *Sur les parois de la tasse :* la période est agréable, vous gagnez facilement de l'argent. *Au fond de la tasse :* un événement majeur va arriver côté argent, mais bien plus tard que prévu. *Au niveau de l'anse :* partenariats commerciaux, bons conseils financiers, bons moments à venir. *Gros amas de feuilles de thé :* vous êtes très chanceuse !

POIRE

Signification : la poire peut être un symbole de chance ou de malchance, selon l'endroit où elle se trouve. Elle peut par exemple annoncer une rentrée d'argent ou une augmentation de revenus. *En haut de la tasse :* si elle est mordue, cela indique une rentrée d'argent. Si elle est entière, elle annonce des retards. *Sur les parois de la tasse :* rétablissement après une maladie ou gain d'argent illégal. ***Au fond de la tasse :*** changements mineurs dans votre vie. ***Au niveau de l'anse :*** quelqu'un vous vole de l'argent. ***Plusieurs poires :*** vous allez recevoir de l'argent en cadeau.

POISSON

Signification : Hé, mais qu'est-ce qui nage dans mon thé ? Le poisson est un symbole de chance, qui peut aussi représenter la fertilité, l'émotion, la guérison et la purification. Si vous apercevez plusieurs poissons dans votre tasse, cela peut indiquer que vous avez suffisamment d'énergie pour surmonter tous les problèmes. Mais attention, cela peut aussi symboliser un manque d'indépendance. ***En haut de la tasse :*** vous êtes prête à vous adapter à de nouveaux changements dans votre vie. ***Sur les parois de la tasse :*** il va vous falloir quelque temps pour vous adapter à une situation difficile. ***Au fond de la tasse :*** vos efforts finiront par payer. ***Au niveau de l'anse :*** vous allez peut-être avoir un petit problème de santé.

POMME

Signification : une pomme par jour éloigne le médecin pour toujours... mais voir une pomme dans votre tasse peut aussi signifier que de bonnes nouvelles arrivent. La pomme symbolise l'apprentissage, l'éducation, le fait d'être studieux. Elle peut donc indiquer que vous allez retourner à l'école. C'est aussi le « fruit interdit », symbole de la tentation et de la passion. Quel que soit le cas, il s'agit toujours d'une expérience formatrice. ***En haut de la tasse :*** la pomme représente de nouveaux départs, par exemple une nouvelle relation ou un nouveau chapitre de votre vie qui devrait débuter très vite, tenez-vous prête ! ***Sur les parois de la tasse :*** vous allez succomber à la tentation, mais les conséquences ne seront pas si mauvaises que vous le pensiez. ***Au fond de la tasse :*** elle vous encourage à agir pour être en meilleure santé et élargir vos horizons sur le plan intellectuel. Vous pourriez par exemple modifier vos habitudes alimentaires, faire du sport, prendre soin de vous, reprendre une formation ou retourner à l'école... ***Au niveau de l'anse :*** bonheur émotionnel et amélioration des relations personnelles. ***Pomme à***

DEMI CROQUÉE : vous allez devoir faire des compromis. *DEUX POMMES CÔTE À CÔTE :* rentrée d'argent.

PONT

SIGNIFICATION : un pont est fait pour relier deux endroits. Quand vous voyez un pont dans votre tasse, il peut symboliser le besoin de nouer une relation avec une autre personne ou de voyager. C'est un symbole positif, qu'il soit question de relier de nouvelles idées, d'établir de nouvelles connexions ou de faciliter la compréhension. Il peut aussi représenter le lien entre le passé et le présent, ou entre la réalité et les fantasmes. *EN HAUT DE LA TASSE :* vous êtes encouragée à utiliser davantage votre imagination. Si vous faites une lecture dans les feuilles de thé en rapport avec votre carrière, le pont peut signifier que vous seriez très épanouie dans une carrière qui vous permette de laisser parler votre créativité. *SUR LES PAROIS DE LA TASSE :* vous parviendrez à destination. *AU FOND DE LA TASSE :* vos problèmes vont bientôt se terminer, une puissance supérieure va intervenir pour vous sauver la mise, ayez confiance. *AU NIVEAU DE L'ANSE :* reconnexion avec un.e ami.e de longue date.

SOLEIL

SIGNIFICATION : laissons entrer le soleil ! Quand vous observez un soleil dans votre tasse, c'est souvent annonciateur de bons moments. Le soleil brille et éclaire les choses positives de la vie, vous réchauffe. Il représente souvent la joie, la célébration, la gaieté et de nouveaux départs. C'est un signe heureux, agréable. *EN HAUT DE LA TASSE :* votre travail va enfin payer ! La chance vous sourit, vous pouvez vous reposer après avoir fourni tant d'efforts. *SUR LES PAROIS DE LA TASSE :* vous allez bientôt célébrer de bonnes nouvelles, souvent en rapport avec un gain d'argent. *AU FOND DE LA TASSE :* vous éprouvez quelques difficultés à avoir l'esprit tranquille, vous avez la sensation que le bonheur est hors d'atteinte. Vous avez peut-être besoin d'aide. *AU NIVEAU DE L'ANSE :* le bonheur est là ! Les ondes positives aussi !

SOURIS

Signification : au secours ! Une souris dans votre tasse de thé ! Tout va bien, ce n'est pas un symbole inquiétant, c'est même plutôt bon signe : vous allez récupérer après des problèmes de santé qui vous embêtaient. Attention cependant : elle peut aussi représenter une personne sournoise. *En haut de la tasse :* vous devez penser par vous-même. *Sur les parois de la tasse :* réfléchissez bien avant d'agir. Vous pourriez avoir besoin de faire un budget. *Au fond de la tasse :* lente récupération. *Au niveau de l'anse :* faites confiance à votre intuition, pas aux « faits ».

SPIRALE

Signification : une spirale dans une tasse est un signe d'illumination spirituelle et de connexion au divin. Elle représente aussi une sorte de passage au niveau supérieur dans la vie, par exemple une promotion, le fait de devenir riche ou tout simplement de se comporter en adulte. *En haut de la tasse :* opportunité d'améliorer votre vie : nouveau défi, nouveau départ ou idées nouvelles qui pourraient tout transformer. *Sur les parois de la tasse :* tenez-vous prête : un changement positif arrive. *Au fond de la tasse :* vous devez prendre le contrôle de votre destin. Vous avez le pouvoir de faire changer les choses, il suffit que vous ayez confiance en vous. *Au niveau de l'anse :* vous devez vous connecter à votre côté spirituel et/ou à quelque chose qui vous dépasse. Rendez-vous avec votre destin. *Plusieurs spirales :* vous avez de nombreuses idées différentes qui pourraient vous aider à réussir. Essayez de vous concentrer et soyez productive.

TAMBOUR

Signification : le son des tambours est souvent associé à un appel à la bataille, il prévient que la guerre et la violence ne sont pas loin. Si vous voyez un tambour dans votre tasse, attendez-vous à la même chose : troubles, conflits, et peut-être violence. Soyez prudente, des problèmes se profilent. *En haut de la tasse :* c'est le meilleur endroit où voir un tambour, car il indique que d'autres vont vous annoncer de bonnes nouvelles. *Sur les parois de la tasse :* un problème grave vous préoccupe. *Au fond de la tasse :* les conflits auxquels vous allez prendre part seront rendus publics. *Au niveau de l'anse :* nombreuses disputes avec des partenaires et des proches.

TASSE

Signification : une tasse, ou un calice, symbolise une offrande ou un sacrifice qui sera récompensé le moment venu. Le type de sacrifice peut varier : biens matériels, faire moins de dépenses ou même renoncer à certaines relations. L'objectif est de parvenir à la paix. Dans le tarot, le calice représente nos émotions. Il est associé à l'amour, aux sentiments, aux relations et aux connexions que nous établissons, et gouverné par l'élément eau. *En haut de la tasse :* vous pourriez progresser dans votre vie spirituelle, par exemple en priant, en vous connectant à votre puissance supérieure ou en découvrant le royaume métaphysique par le biais du tarot ou de la lithothérapie. *Sur les parois de la tasse :* mise en garde. Des personnes fausses, armées de mauvaises intentions, pourraient entrer dans votre vie. Soyez sur vos gardes. *Au fond de la tasse :* la tasse représente alors votre âme. Il est possible que vos besoins spirituels ne soient pas satisfaits ou que vous vous sentiez perdue et confuse. Trouvez un moyen de vous reconnecter à vous-même. *Au niveau de l'anse :* vous allez faire un voyage spirituel lors duquel votre âme va être mise à l'épreuve et testée.

THÉIÈRE

Signification : voir une théière peut suggérer que vous buvez trop de thé… non, je plaisante ! La théière représente les questions d'ordre familial, notamment en rapport avec la parentalité. *En haut de la tasse :* période de créativité intense. *Sur les parois de la tasse :* des problèmes d'argent pourraient créer des tensions chez vous. *Au fond de la tasse :* compromis à trouver. *Au niveau de l'anse :* appelez un membre de votre famille.

RESSOURCES

- Basile, Lisa Marie. *Light Magic for Dark Times*. Minneapolis: Quarto, 2018.
- Cunningham, Scott. *Magical Herbalism: The Secret Craft of the Wise*. Minneapolis: Llewellyn, 1982.
- Herstik, Gabriela. *Inner Witch: A Modern Guide to the Ancient Craft*. New York: Tarcher-Perigee, 2018.
- Murphy-Hiscock, Arin. *The Green Witch*. Avon, MA: Adams Media, 2017.
- Murphy-Hiscock, Arin. *Spellcrafting: Strengthen the Power of Your Craft by Creating and Casting Your Own Unique Spells*. Avon, MA: Adams Media, 2020.
- Murphy-Hiscock, Arin. *The Witch's Book of Self-Care*. Avon, MA: Adams Media, 2018.
- Vanderbeck, Paige. *Green Witchcraft: A Practical Guide to Discovering the Magic of Plants, Herbs, Crystals, and Beyond*. Emeryville, CA: Rockridge Press, 2020.
- Wigington, Patti. *Herb Magic: An Introduction to Magical Herbalism and Spells*. Emeryville, CA: Rockridge Press, 2020.

À PROPOS DE L'AUTRICE

Elsie Wild est une autrice et sorcière qui hante les monts Adirondacks, dans le nord de l'État de New-York, aux États-Unis. Passionnée de divination depuis toujours, Elsie Wild pratique le tarot, l'astrologie, la numérologie et la phytothérapie depuis plus de dix ans. Elle a rédigé des horoscopes, des articles et des guides pour divers supports. Elle est l'autrice de *The Secrets of Fortune Telling*, *The Secrets of Spiritual Healing*, *The Little Book of Chakras* et *The Magic Art of Fortune Telling*. Quand elle n'est pas en train d'écrire ou de préparer des sortilèges, Elsie Wild se dispute avec ses cartes de tarot ou fait de très mauvais jeux de mots.

PAPIER À BASE DE FIBRES CERTIFIÉES

MARABOUT
s'engage pour l'environnement
en réduisant l'empreinte carbone
de ses livres.
Celle de cet exemplaire est de :
850 g éq. CO_2
Rendez-vous sur
www.marabout-durable.fr

Imprimé en Espagne en mai 2022 par Unigraf
pour le compte des Éditions Marabout (Hachette Livre)
58, rue Jean-Bleuzen, 92178 Vanves Cedex
Dépôt légal : juillet 2022
ISBN : 978-2-501-17166-3
4904591